Jordanien

Gerhard Heck

Gerhard Heck, promovierter Erziehungswissenschaftler und freier Reisejournalist mit den Arbeitsschwerpunkten Arabische Halbinsel und Naher Osten sowie Zentralamerika. Autor mehrerer Reisebücher für verschiedene Verlage.

Zwischen den bizarren Bergformationen der Wüstenlandschaft Wadi Rum im Süden des Landes finden die Ziegenherden der Beduinen nur ein karges Auskommen.

INHALT

Willkommen in Jordanien

- 6 Ein Land stellt sich vor
- 12 Anreise und Ankunft
- 14 Mit und ohne Auto
- 18 Hotels und andere Unterkünfte

Jordanien erleben

- 22 Essen und Trinken
- 28 Einkaufen
- 31 Mit Kindern unterwegs
- 34 Sport und Strände
- 39 Feste, Feiertage und Festspiele

Sehenswerte Orte und Ausflugsziele

- 44 **Amman**
- 58 Kan Zaman
- 58 Wadi as-Sir
- 59 **Aqaba**
- 67 Elat (Israel)
- 67 Katharinenkloster (Ägypten)
- 68 Negev (Israel)
- 68 Pharaoneninsel (Ägypten)
- 68 Taba (Ägypten)
- 70 **Jerash**
- 79 Ajloun
- 79 Irbid
- 80 Pella
- 80 Umm al-Jimal
- 81 Umm Qais
- 82 **Petra**

MERIAN-Tips

- 10 Lesetip
- 16 Fahrt mit der Hedschasbahn
- 24 Lebanese House in Jerash
- 31 Aqaba Beach Hotel
- 38 Tauchen in Aqaba
- 43 Jerash Music Festival
- 81 Café im Visitor's Centre in Umm Qais

Routen und Touren

- 94 **Mit dem Auto:** Auf den Spuren des Lawrence von Arabien
- 98 **Mit dem Auto:** Zu den »Wüstenschlössern« der Omaijaden
- 102 **Mit dem Auto oder Bus:** Auf der historischen Königsstraße
- 106 **Auf dem Wasser:** Baden im Toten Meer
- 108 **Mit Auto, Bus oder Taxi:** Die »klassische« Jordanienreise

Wichtige Informationen

- 110 **Jordanien von A–Z**
- 110 Auskunft
- 110 Bevölkerung
- 111 Camping
- 111 Diplomatische Vertretungen
- 112 Feiertage
- 112 Fernsehen
- 112 FKK
- 112 Fotografieren
- 113 Geld
- 113 Kleidung
- 114 Medizinische Versorgung
- 114 Notruf
- 114 Politik
- 115 Post
- 115 Reisedokumente
- 115 Reisewetter
- 116 Rundfunk
- 116 Sprache
- 116 Stromspannung
- 116 Telefon
- 117 Tiere
- 117 Trinkgeld
- 117 Wirtschaft
- 117 Zeitungen
- 117 Zoll
- 118 **Geschichte auf einen Blick**
- 120 **Sprachführer**
- 122 **Eßdolmetscher**
- 124 **Orts- und Sachregister**
- 128 **Impressum**

 Karten und Pläne

Jordanien............ Klappe vorne
Amman .... Klappe hinten
Petra ....Umschlag Rückseite
Aqaba 63
Jerash (Gerasa) 73

Die Buchstaben-Zahlen-Kombinationen im Text verweisen auf die Planquadrate der Karten.

Ein Land stellt sich vor

Willkommen in Jordanien

Kultur und Erholung jenseits ausgetretener Pfade findet man auf den Spuren der Bibel oder bei einem Badeurlaub am Toten oder Roten Meer.

Ahlan Wa Sahlan – willkommen im Haschemitischen Königreich Jordanien. Mit diesem Schild werden alle Besucher auf dem **Queen Alia International Airport** in Amman begrüßt; auf den Flughäfen Europas sucht man nach solchen Freundlichkeiten meist vergebens. Wenn man nach mehreren Tagen Jordanien wieder verläßt, weiß man, daß dieses Schild nicht Teil einer Marketing-Strategie des Tourismusministeriums ist, sondern Ausdruck allgemeiner Gastfreundschaft. Es gibt keine andere Region der Arabischen Halbinsel – mit Ausnahme des Emirats Dubai und Oman –, in der man so frei, so angenehm reist und in der ausländischen Besuchern so viel Freundlichkeit entgegengebracht wird. Mehr als 40 Jahre regierte König Hussein sein Land und wies ihm den Weg aus politischer Isolation hin zu wirtschaftlicher Ordnung. Zwar ist Jordanien ein islamisches Land, und die Gesetze des Koran bestimmen das öffentliche Leben, aber religiöser Fundamentalismus ist unter den sunnitischen Jordaniern eine Ausnahme. Toleranz gegenüber Andersdenkenden steht nicht nur in der Verfassung, sie wird auch tatsächlich praktiziert.

Auch im Tauch- und Badeparadies Aqaba am Roten Meer setzt man auf die Friedensdividende.

EIN LAND STELLT SICH VOR

Die meisten Besucher betreten jordanischen Boden in der Hauptstadt **Amman**, von der man in nicht mehr als fünf Stunden Autofahrt jeden Punkt des Landes erreicht. Deshalb ist Amman auch der beliebteste Ausgangspunkt für Reisen im Land. Seine touristische Infrastruktur, seine erstklassigen Hotels und Restaurants, seine Geschäfte und Sehenswürdigkeiten unterstreichen diese Bedeutung. Hoch über der Stadt liegt auf dem Jabal al-Qala'a die alte Zitadelle, die die historische Dimension der Stadt ausweist. Prächtige Säulen eines römischen Tempels, Ruinen einer byzantinischen Kirche, Hallen eines Omaijaden-Palastes und ein eindrucksvolles Museum entführen die Besucher in die Vergangenheit Ammans. Am Fuße der Zitadelle liegt das römische Amphitheater, in dem im Sommer, nach 2000 Jahren, wieder kulturelle Veranstaltungen stattfinden.

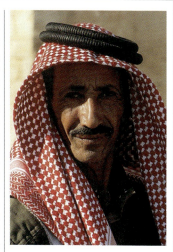

Die klassische Kopfbedeckung: Palästinensertuch.

Jordaniens größte Sehenswürdigkeit ist die Felsenstadt **Petra**, die man nur durch den Siq, eine enge Schlucht, betreten kann. Jeder Besucher ist von der gewaltigen Architektur der Felsengräber, Tempel und Paläste fasziniert, welche die arabischen Nabatäer vor 2000 Jahren anlegten, sie kontrollierten auch die berühmten Karawanenstraßen, wichtige Handelswege. Nach Petra genießt die antike Stadt Gerasa, das heutige **Jerash**, große Aufmerksamkeit bei ausländischen Besuchern. Gerasa war Mitglied der Dekapolis, eines Bündnisses von zehn reichen Handelsstädten in den Ostprovinzen des Römischen Reiches. Nirgendwo sonst jenseits des Jordans bauten die Römer derart aufwendig wie in Gerasa. Als Kaiser Hadrian die Stadt im Jahre 129 besuchte, wurde zu seinen Ehren ein gewaltiger Triumphbogen vor der Stadt errichtet, den heute die Besucher als erstes sehen, wenn sie aus dem nur 60 Kilometer entfernten Amman anreisen. Vom Forum führt eine 600 Meter lange römische Prachtstraße, der **Cardo Maximus**, durch die Ruinenstadt, auf der man noch die Radspuren erkennt, die die römischen Pferdewagen hinterließen.

Die Wüste Jordaniens kann man auf zweierlei Weise kennenlernen. Man besucht östlich von

Amman auf einer Rundreise die in der Wüste gelegenen **omaijadischen Schlösser**, unter denen das Qasr Amra wegen seiner Freskenmalereien das bedeutendste dieser weltlichen Bauwerke des arabischen Mittelalters ist. Oder man fährt ins **Wadi Rum**, in jenes herrliche Wüstengebiet nördlich von Aqaba, das aufs engste mit dem Namen Lawrence von Arabien verbunden ist.

Aber Jordanien bietet nicht nur klassische Bauwerke und faszinierende Naturlandschaften. Es verfügt auch über einen attraktiven Badestrand in der Hafenstadt **Aqaba**, gegenüber dem israelischen Elat: Sechs Monate herrscht hier mildes Frühlingsklima, sechs Monate ist es im Sommer angenehm warm.

Ein König prägte das Land ...

Wer über Jordanien spricht, denkt sofort an seinen verstorbenen König. Über 40 Jahre lang war **Hussein Ibn Talal Ibn Abdulla** König der Haschemiten. Der 1935 in Amman geborene König bestieg seinen Thron, als Churchill noch im Amt und Stalin gerade verstorben war. Trotz Konflikten und Kriegen überlebte er viele amerikanische Präsidenten, westliche und östliche Regierungschefs und arabische Potentaten. Das brachte ihm den Ruf des größten Überlebenskünstlers im Nahen Osten ein. Als sich Hussein 1990 im Golfkrieg auf die Seite des Irak schlug, sah es so aus, als ob er nach der Isolierung durch den Westen und der Abkehr der finanzstarken arabischen Regierungen politisch am Ende sei. Doch boten 1991 nach dem Ende des Golfkrieges die veränderten Kräfteverhältnisse im Nahen Osten Hussein die Möglichkeit neuer Friedensverhandlungen, die im Sommer 1994 zur Unterzeichnung des israelisch-jordanischen Friedensabkommens führten. Eine wirtschaftliche Entlastung seines Landes war die Folge. Durch den Bruch mit dem diktatorischen Regime im Irak sowie durch die Aussöhnung mit Israel stieg sein Ansehen auch in der westlichen Welt. Sein Tod im Februar 1999 rief weltweite Bestürzung hervor.

Die haschemitische Dynastie führt ihre Herkunft in direkter Linie auf den Propheten Mohammed zurück, was sie des öfteren mit der rivalisierenden Dynastie der Al-Saud im benachbarten Saudi-Arabien in Schwierigkeiten bringt. Denn König Fahd von Saudi-Arabien hat sich den stolzen Titel »Hüter der Heiligen Stätten des Islam« zugelegt. Als die mehr als 1300 Jahre alte goldene Kuppel des Felsendoms in Jerusalem vor einigen Jahren dringend repariert werden mußte und die reichen Al-Saud die Kosten übernehmen wollten, ließ König Hussein dies nicht zu. Lieber verkaufte er eines seiner Häuser in London, damit keiner den Haschemiten die Ansprüche auf dieses dritte Heiligtum der arabischen Welt streitig machen konnte.

... eine Königin das Volk

Jordanien verdankt seine politische Stabilität König Hussein, der im Land allgegenwärtig war: Auf Bildern, überdimensionalen Portraits und vielen Photographien, mal alleine, mal an der Seite von **Königin Noor** – in jedem Laden, an jeder Hotelrezeption und in jedem Restaurant lächelt er Landsleute und Besucher an. Nach dem Tode seiner dritten Frau **Alia** heiratete König Hussein 1978 eine Amerikanerin und machte sie zur Königin. Hussein al-Noor – Husseins Licht – ist die wörtliche Übersetzung ihres Namens. Königin Noor setzte sich umfassend für die Belange ihres Volkes ein, besonders auf dem Land und in den Flüchtlingslagern. Auch engagierte sie sich für das traditionelle Kunsthandwerk des Landes und hat eine eigene Stiftung zu seiner Förderung gegründet. Der Frau seines ältesten Sohnes und neuen Königs Abdullah, Königin Rania, kommt eine andere Rolle zu: Sie stammt aus einer palästinensischen Familie und ist wichtigstes Bindeglied des Hauses Haschim zur palästinensischen Bevölkerungsmehrheit.

Jordanien im Ramadan

Jordanien ist ein islamisches Land. Die hohen moslemischen Feiertage sind Staatsfeiertage. Der Fastenmonat **Ramadan** wird streng eingehalten, die meisten Restaurants sind tagsüber geschlossen. Für Besucher muß dies aber kein Hindernis sein, Jordanien während des Fastenmonats zu besuchen. Sie müssen sich den Einschränkungen des Fastens nicht unterwerfen, und nach Sonnenuntergang erhalten sie die Chance, an den

Bis zum Abend sind die Marktstände in Amman ausverkauft.

traditionellen Iftar-Buffets teilzunehmen, die all jene Köstlichkeiten der arabischen Küche bereithalten, auf die die Muslime während des Tages verzichten mußten. In den großen Hotels wird dann ausladend gedeckt, und für 10 JD pro Person lernt man gerade im Fastenmonat die Vielfalt der arabischen Küche kennen. Nur nebenbei bemerkt: Im Ramadan führt Jordanien, wie alle arabischen Länder, mehr Lebensmittel ein als in den anderen elf Monaten des Jahres.

Die Allenby-Brücke

Von Amman führt eine vierspurige Autobahn hinunter zur Allenby-Brücke, dem wichtigsten Grenzübergang ins benachbarte Israel. Rein zufällig war die neue Straße im Frühjahr 1994 fertig geworden, kurz bevor sich König Hussein und Ministerpräsident Rabin am 25. Juli 1994 in Washington die Hände reichten und Jordanier und Israelis damit offiziell ihren Kriegszustand beendeten. Die Allenby-Brücke, die auf jordanischer Seite **King Hussein Bridge** heißt, ist knapp 30 Meter lang, vier Meter breit und einspurig; der Jordan, den sie überspannt, ist hier ein Rinnsal. Bis 1948 war der Jordan die Grenze zwischen Palästina und Jordanien, nach der Gründung des Staates Israel und dem damit verbundenen Krieg fiel das Westjordanland an das Haschemitische Königreich. Die Allenby-Brücke, benannt nach dem britischen General Edmund Allenby, der mit den Arabern zusammen im Ersten Weltkrieg die Türken besiegte, war danach innerhalb des Königreiches eine von vier Brücken über den Jordan. Während des Sechs-Tage-Krieges besetzte Israel das Westjordanland, die Brücke wurde de facto zum einzigen Grenzübergang. Benutzt wurde sie hauptsächlich von Palästinensern beiderseits des

LESETIP

Die sieben Säulen der Weisheit Thomas Edward Lawrence, von Beruf Archäologe und Sprachforscher, unterstützte während des Ersten Weltkrieges als britischer Agent den Aufstand der Araber gegen die Türken. Durch verwegene Aktionen gelang es ihm und den Beduinenstämmen, die strategisch wichtige Hedschasbahn teilweise zu zerstören und 1917 Aqaba einzunehmen. Sein Buch (Deutscher Taschenbuchverlag, München 1994) ist weit mehr als ein Kriegsbericht: Es schildert die Lebensgewohnheiten der Beduinen und beschreibt ihren Lebensraum, die Wüste.

Ein Land stellt sich vor

Jordans, deren Familien durch die Grenzziehung 1967 getrennt wurden. Auch Touristen nutzten sie des öfteren, aber solange Israel und Jordanien Feinde waren, war für Besucher beider Länder das Procedere am Kontrollposten absurd: Denn weil es Israel in den Augen Jordaniens nicht geben durfte, konnte man über die Allenby-Brücke nur mit einem Paß nach Jordanien einreisen, der keinen israelischen Stempel enthielt. Weil andererseits aus jordanischer Sicht diejenigen, die aus Jordanien über die Brücke in Richtung Westen reisten, eigentlich nicht jordanischen Boden verließen, sondern nur die von Israel besetzte Westbank betraten, gab es keinen jordanischen Ausreisestempel in die Pässe. Da beide Seiten trotz der Absurdität ihr Gesicht wahren wollten, mutete man den Reisenden zu, mit zwei Pässen – einem für Israel und einem für Jordanien – zu reisen.

Seit 1994 hat sich der Grenzverkehr über die Allenby-Brücke normalisiert. Für die Einreise nach Israel bzw. in die autonomen palästinensischen Gebiete um Jericho müssen zwar Palästinenser, Jordanier und Besucher aus anderen Staaten getrennte Schalter passieren, doch das Procedere hält sich in Grenzen. Die Ein- und Ausreise über die Allenby-Brücke verläuft im Grunde genauso problemlos wie an den drei anderen Grenzübergängen. Da aber andere arabische Staaten aufgrund der friedensabträglichen Siedlungspolitik der Israelis neuerdings wieder Schwierigkeiten machen, wenn Pässe israelische Stempel tragen, haben die Israelis für die Ausreisenden ein großes Schild aufgehängt: »Don't worry, your passport won't be stamped.«

Das Höckertaxi und sein Besitzer warten auf Kundschaft.

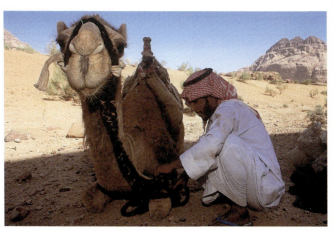

ANREISE UND ANKUNFT

Schnell und bequem erreichen Sie Jordanien mit dem Flugzeug. Von den größeren Städten Mitteleuropas benötigen Sie zwischen vier und fünf Flugstunden.

Mit dem Flugzeug Der **Queen-Alia-Flughafen**, etwa 30 Kilometer südöstlich der Hauptstadt Amman, wird von allen europäischen Luftfahrgesellschaften (darunter auch Lufthansa, Swiss Air und Austrian Airlines) direkt angeflogen. Die jordanische **Alia** (Royal Jordanian Airlines) bietet die meisten Verbindungen pro Woche nach Amman: zweimal ab Berlin und viermal ab Frankfurt, fünfmal ab Wien und zweimal ab Genf. Die Flugzeit beträgt zwischen vier und fünf Stunden. Anschlußflüge von Amman nach Aqaba mit Alia und der jordanischen privaten Fluggesellschaft **Royal Wings** dauern 1 Stunde und kosten 30 JD. Direkt aus Deutschland wird Aqaba nur von Charterlinien angeflogen.

Am Queen-Alia-Flughafen hilft die Touristeninformation bei der Hotelreservierung, auch einzelne Hotels haben eigene Informationskioske. Vom Flughafen aus fahren zwischen 6 und 22 Uhr Busse im 30-Minuten-Takt ins Zentrum der Hauptstadt. Taxis sind günstig und werden dort offiziell zugeteilt; Fahrpreis zu allen Hotels in Amman: circa 10 JD pro Taxi. Alia unterhält auch einen Bus-Shuttle zu ihrem City Terminal (7th Circle), der zwischen 6 und 22 Uhr alle 30 Minuten verkehrt.

Mit dem Bus Von vielen deutschen Großstädten, in jedem Fall von Berlin, Frankfurt und München, aber auch von Wien und Zürich, fahren Busse (Firmen: **Bosfor, Varan, Europabus**) ins türkische Istanbul (Fahrzeit etwa 60 Stunden, Ankunft am Busbahnhof Topkapı). Von dort fah-

Auch für Nichtkenner der arabischen Schrift verständlich.

ren täglich Busse ins syrische Damaskus (Fahrzeit etwa 48 Stunden) und weiter nach Amman (Fahrzeit drei Stunden).

Mit dem Auto Die Grenzkontrollen in Europa und an der türkisch-syrischen Grenze sind zeitraubend; die syrisch-jordanische Grenze passiert man ohne großen Aufwand, wenn »aus Versehen« ein Geldschein zwischen den Papieren (Carnet, grüner Versicherungsschein, Kfz-Schein, Führerschein, Paß) liegt.

Zur Zeit ist die Einreise mit dem eigenen PKW von Jordanien nach Israel nur am Grenzübergang **Arava** bei Aqaba möglich.

Mit dem Schiff Anlaufhafen aller Passagier-, Fähr- und Frachtschiffe ist Aqaba am Roten Meer.

Aus Europa verkehren zur Zeit nur Container-Frachtschiffe, die bis zu zwölf Passagiere an Bord nehmen. Fahrzeit von Hamburg durch das Mittelmeer und den Suezkanal etwa eine Woche, Preis pro Person ab 1400 DM. Vermittlung: Frachtschifftouristik Kapitän Peter Zylmann, Exhöft 12, 24404 Maasholm, Tel. 0 46 42/60 68, Fax 67 67.

Wer auf seiner Schiffsanreise einen Zwischenstopp in Ägypten einzulegen bereit ist, kann von Genua oder Venedig ein Passagierschiff nach Alexandria nehmen, Kairo besuchen, die Halbinsel Sinai durchqueren und die täglichen Fährverbindungen von Nuweiba, an der Ostküste der Halbinsel Sinai gelegen, nach Aqaba benutzen.

Aus Israel Es gibt vier Grenzübergänge zwischen Jordanien und Israel, von denen die beiden nördlich gelegenen Sheikh-Hussein-Grenzstation (südlich des See Genezareth) und Prince Mohammed Bridge (von den Israelis Damiya Bridge genannt) ausschließlich nur Jordaniern, Palästinensern und dem gegenseitigen Warenaustausch vorbehalten sind.

Ausländische Besucher können nur über die – schon immer offene – **King Hussein Bridge** bei Jericho (von den Israeli Allenby Bridge genannt) und an der neueröffneten Grenzstation **Arava** bei Elat und Aqaba nach Jordanien ein- und ausreisen.

Für die Einreise über die King Hussein Bridge muß man bereits im Besitz eines Visums sein, kann aber an der King Hussein Bridge mit demselben Visum ein- und ausreisen. Öffnungszeiten sind Sonntag bis Donnerstag von 8–22 Uhr, Freitag bis Samstag von 8–20 Uhr. Am Arava-Übergang bekommt man problemlos ein Visum für 15 JD ausgestellt, muß jedoch bei jeder neuen Einreise (selbst wenn man von Aqaba nur für zwei Stunden zum Einkaufen nach Elat fährt und dann wieder nach Aqaba zurück möchte) wieder ein Visum für 15 JD erwerben.

Auch die Israelis verlangen Gebühren: An der King Hussein Bridge 29 US$, in Arava 19 US$. Allerdings sollen die Grenzübergangsgebühren im Zuge der Tourismuszusammenarbeit ab 2000 gesenkt werden.

Mit und ohne Auto

Busfahren in Jordanien ist extrem billig, denn Busse sind das Transportmittel Nummer eins, Leihwagen sind hingegen vergleichsweise teuer.

Mit dem Auto Das Land ist klein und besitzt ein gutes Straßennetz. Dank zweier großer Nord-Süd-Verbindungen kann man leicht alle Sehenswürdigkeiten des Landes zwischen der syrischen Grenze im Norden und dem Golf von Aqaba im Süden mit dem PKW erreichen. Die Straßenschilder sind in arabischer und englischer Sprache gehalten. Als Tempolimit gilt 40 km/h in Ortschaften und 80 km/h auf Landstraßen; nur auf den sechsspurigen Autobahnen südlich der Hauptstadt darf man 100 km/h fahren.

Wer seinen eigenen PKW mitbringen möchte, kann ihn via Damaskus (Syrien), via Aqaba (per Fährverbindung aus dem ägyptischen Nuweiba) und seit 1995 über den israelisch-jordanischen Grenzübergang Arava nördlich von Elat einführen. Mit einem **Carnet de Passage** bekommt man die vorübergehende Einfuhr des Autos bis zu drei Monaten genehmigt. Die Einreise mit einem israelischen Leihwagen ist nicht möglich! In Jordanien hilft:

Royal Automobile Club ■ c 5
Jabal al-Weibdeh, Zahrawi St.
Amman
Tel. 06/4 62 24 67, 4 64 42 61

Bus Das wichtigste und billigste Verkehrsmittel in Jordanien ist der öffentliche Bus. Für Verbindungen zwischen den Städten des Landes und mit den Hauptstädten der angrenzenden Staaten sind die (blau-weißen) **JETT**-Buslinien die besten. Abfahrts- und Ankunftsbahnhof der Busse ist in den Städten jeweils die **Central Bus Station** (in Amman: King Hussein Street, Abdali). Eine Jett-Buslinie verkehrt sechsmal pro Tag zwischen Amman und Aqaba (Abfahrt in Amman: 7, 9, 10, 14, 15, 16 Uhr; in Aqaba: 7, 9, 12, 16 Uhr; Preis 4 JD), dreimal pro Woche So, Di, Fr zwischen Amman und Petra (Abfahrt: 6.30 Uhr, Rückfahrt ab Petra: 16 Uhr; Preis 6 JD bzw. 11 JD hin und zurück; fällt öfters aus!). Tgl. zur King Hussein Bridge, Abfahrt 6.30 Uhr, Preis 6 JD und nach Ma'in, Abfahrt 8 Uhr, Rückfahrt 17 Uhr, Preis 4 bzw. 7,5 JD hin und zurück. Nach Damaskus bringt der Jett-Bus seine Passagiere zweimal pro Tag, ebenfalls zweimal pro Tag nach Kairo (via Fähre Aqaba–Nuweiba), ins irakische Bagdad sogar fünfmal am Tag und nach Riyadh

Für Wüstentouren im Jeep sollte man einen Führer mitnehmen.

MIT UND OHNE AUTO

und Jeddah in Saudi-Arabien dreimal in der Woche. Auskunft und Buchung: **JETT** (Jordan Express Tourist & Transport Company), Amman, King Hussein Street, Abdali, Tel. 56 41 46-7, tgl. 6–9.30 Uhr). Innerstädtische Buslinien gibt es nur in Amman. Seit 1997 gibt es auch Linienbusverbindungen zwischen Israel und Jordanien, zum Beispiel von Tel Aviv oder Haifa nach Amman und von Elat nach Aqaba.

Leihwagen Zum Mieten eines Leihwagens genügt der nationale Führerschein und eine Kreditkarte für die Kaution. Mietwagen sind verhältnismäßig teuer, weil alle Autos bei der Einfuhr mit hohen Zöllen belegt werden und die Verleihfirmen diese Kosten in den Mietpreis einkalkulieren. Deshalb zahlt man als Ausländer etwa zwischen 35 JD (Honda Civic) und 80 JD (Toyota Corola mit a/c) für einen Tag bei unbegrenzter Kilometerzahl und einer Vollkaskoversicherung (100 JD Selbstbeteiligung). Die meisten Verleihfirmen haben ihren Sitz in Amman. Hier ist es am leichtesten möglich, unter den Anbietern telefonisch einen Preisvergleich durchzuführen. Unter den großen internationalen Verleihfirmen ist Hertz wegen seiner Serviceleistungen (nach einem Unfall) sehr zu empfehlen.

Es ist unbedingt angebracht, eine Versicherung abzuschließen, am besten mit Selbstbeteiligung. Selbst bei einem Unfall ohne Eigenschuld kann es passieren, daß man seine Selbstbeteiligung einbringen muß, falls der Schuldige zum Beispiel keine Versicherung oder kein Vermögen hat. In jedem Fall aber sollte die Polizei hinzugezogen werden, weil deren Protokoll (Kosten 10 JD) die Voraussetzung für jede Versicherungsleistung ist. Der Benzinpreis beträgt 250 Fils (ca. 0,70 DM) pro Liter.

MERIAN-TIP

Hedschasbahn Die berühmte, von der Türkei mit deutscher kaiserlicher Hilfe 1908 eröffnete Bahn fuhr einst von Damaskus über Amman bis ins 1000 Kilometer entfernte Medina. Arabischem Widerstand unter der Führung von »Lawrence von Arabien« ist es zu verdanken, daß sie diese Endstation nur selten und nach 1917 überhaupt nicht mehr erreichte. Ein Zug mit den alten Wagen verkehrt nur noch für Feierlichkeiten und aus besonderen Anlässen zwischen Amman und Damaskus. Abfahrt in Amman (Hejaz Railway Station, Mahatta), Auskunft und Buchung: Tel. 4 89 54 13. ■ B 3/C 1

Taxi Nur in den Städten Amman, Aqaba und Irbid gibt es Taxis, in Amman besonders viele. Private Taxis sind gelb und besitzen alle einen Taxameter. Handeln ist unüblich, denn Taxifahren ist billig: Der Grundpreis beträgt 150 Fils, für maximal 2 JD kommen Sie von jedem Hotel ins Stadtzentrum von Amman, für eine Stunde innerhalb Ammans bezahlen Sie 5–7 JD. Für Fahrten mit dem Taxi zu Sehenswürdigkeiten außerhalb des Standorts (zum Beispiel von Amman ins 60 km entfernte Jerash) benötigen die Taxis eine besondere Lizenz, d.h., nur wenige können diese Dienste anbieten; außerdem gelten höhere Tarife, zum Beispiel Amman–Jerash–Amman: 20 JD.

Zwischen den Städten verkehren als Ergänzung zu den Bussen weiße »Service-Taxis«, meist sechs- bis siebensitzige große Limousinen, Kombis oder Kleinbusse, die festgelegte Routen fahren. Sie fahren los, wenn alle Plätze verkauft sind (Richtpreis für die Service-Taxi-Fahrt Amman–Aqaba: 15 JD).

Flugzeug Fliegen innerhalb Jordaniens kann man mehrmals am Tag von Amman nach Aqaba (und umgekehrt) mit der jordanischen Fluggesellschaft Royal Wings. Die Flugzeit beträgt eine Stunde, der Flugpreis 30 JD. Der internationale Queen-Alia-Flughafen liegt 40 Kilometer südlich von Amman, der alte Flughafen der Hauptstadt im Stadtteil Marqa, der Flughafen in Aqaba 15 Kilometer nördlich der Stadt. Royal Wings fliegt von Amman auch nach Tel Aviv, Haifa und Gaza, Preise zwischen 120 und 150 JD. Auskunft: Royal Wings, Marqa Airport, Tel.: 4 87 52 01.

Entfernungen (in Kilometern) zwischen wichtigen Orten in Jordanien

	Amman	Aqaba	Jerash	Kerak	Madaba/Berg Nebo	Petra	Qasr Amra	Totes Meer (Nord)	Umm Qais	Wadi Rum
Amman	–	328	48	124	33	262	92	48	111	338
Aqaba	328	–	383	285	332	133	432	250	439	80
Jerash	48	383	–	172	81	310	139	85	64	385
Kerak	124	285	172	–	91	150	203	60	235	252
Madaba/Berg Nebo	33	332	81	91	–	238	112	58	150	336
Petra	262	133	310	150	238	–	329	285	383	103
Qasr Amra	92	432	139	203	112	329	–	120	203	414
Totes Meer (Nord)	48	250	85	60	58	285	120	–	125	305
Umm Qais	111	439	64	235	150	383	203	125	–	449
Wadi Rum	338	80	385	252	336	103	414	305	449	–

HOTELS UND ANDERE UNTERKÜNFTE

Luxushotels oder Resthouse:
Jordanien bietet abwechslungsreiche Übernachtungsmöglichkeiten für jeden Geschmack und jeden Geldbeutel.

Europäer und Araber zu Besuch
Jordanien gehört zu den arabischen Ländern, die ebenso gern von europäischen Besuchern wie von arabischen aus den angrenzenden Nachbarstaaten aufgesucht werden. Beide Besuchergruppen bestimmen gleichermaßen die Auslastung der Hotelkapazitäten, allerdings in sehr unterschiedlicher Weise: So übertrifft im Sommer die Nachfrage arabischer Badegäste das Angebot von Übernachtungsmöglichkeiten in Aqaba, dafür sind in Petra Europäer zwischen Dezember und März in den Hotels meist unter sich. Auch schwankt die Zahl der Jordanienbesucher mit der politischen Stabilität des geographischen Umfeldes, was den Hoteliers des Landes große Probleme bereitet.

Dessen ungeachtet: Fast alle Geschäftsleute und Touristen kommen zuerst in die Hauptstadt. Folglich konzentrieren sich etwa 50 Prozent aller Übernachtungsmöglichkeiten im Raum Amman. Insgesamt gibt es in ganz Jordanien rund 400 Hotels und Pensionen, unterschieden in »klassifizierte« und »nicht klassifizierte«. Letztere betreiben ihre Übernachtungsgeschäfte zwar legal, aber sie verfügen über keine »Sterne«, mit denen jene Hotels, die entsprechende Standards erfüllen, stolz in ihren Namensschildern werben (5 Sterne = meist Luxushotels internationaler Ketten, immer mit Swimmingpool, 1 Stern = einfache Häuser, Zimmer manchmal ohne Bad; die Unterscheidung zwischen 3 und 4 Sternen ist nicht immer auszumachen und wechselt oft nach Umbauten).

Hotelkategorien und -preise werden in Absprache mit dem Tourismusministerium festgesetzt und kontrolliert. Sie entsprechen in etwa den europäischen Maßstäben, das heißt bei einem 5-Sterne-Hotel muß man ab 250 DM für ein Doppelzimmer pro Nacht rechnen.

Preis-Leistungs-Verhältnis Hervorzuheben sind unter den Übernachtungsmöglichkeiten die ehemals staatlichen **Resthouses**, gutgeführte Mittelklassehotels in der

Ein glänzender Empfang ist dem Gast im Regency Palace in Amman gewiß. Das 18stöckige Komforthotel mit der beeindruckenden Eingangshalle verfügt selbstverständlich über ein eigenes Hallenschwimmbad (→ S. 47).

HOTELS UND ANDERE UNTERKÜNFTE

Hotels und andere Unterkünfte

Nähe von Sehenswürdigkeiten. Aber wegen ihres guten Preis-Leistungs-Verhältnisses bleiben sie Gästen ohne Reservierung meist verschlossen. Solche Rasthäuser stehen in Azraq (mit schönem Schwimmbad), bei Jerash (in einem Zedernwald beim Dorf Debbin), in Kerak (neben der Kreuzritterburg) und in Petra (direkt am Eingang der Anlage).

Tagesausflüge Unter der Konzentration von Hotels und Herbergen in Amman leiden Kulturinteressierte, die auch das übrige Land besuchen möchten, nicht: Sie können problemlos alle Sehenswürdigkeiten im Norden und Osten von Amman in Tagesausflügen erreichen. Aqaba, der Bade- und Urlaubsort am Roten Meer, steht mit etwa 60 Hotels an zweiter Stelle und ist im Sommer seit dem Friedensabkommen mit Israel und dem erleichterten Grenzübergang von und nach Elat fast immer ausgebucht. Gleiches gilt für Petra, in dem es als der Ort mit der bedeutendsten Sehenswürdigkeit des Landes nach mehreren Hotelneueröffnungen keinen Engpaß mehr gibt. Reservierungen sind an allen Orten anzuraten.

Camping Für Anhänger des Camping ist in Jordanien schlecht vorgesorgt, obwohl die Landschaftsvielfalt zu dieser Form des naturnahen Übernachtens geradezu einlädt. Nur in Petra gibt es einen schmucklosen Campingplatz hinter dem Hotel Petra Forum. Zelten darf man auch im Wadi Rum, wenn man sich zuvor bei der »Wadi Rum Tourism Association« (gegenüber dem Government Resthouse, das aber nur ein Restaurant beherbergt) angemeldet hat. Lieber sehen es die Beduinen, wenn man eines ihrer kleinen Zelte hinter dem Parkplatz am Ende der geteerten Straße mietet; man darf Toiletten und Gemeinschaftsduschen im nahen Resthouse mitbenutzen und wird zudem von der »Desert Police« nachts bewacht.

Hotels sind bei den einzelnen Orten im Kapitel »Sehenswerte Orte und Ausflugsziele« beschrieben.

Preisklassen

Die Preise gelten für eine Übernachtung im Doppelzimmer für zwei Personen ohne Frühstück. Bei allen Preisen muß man 20 % Steuer und Bedienung hinzuaddieren.
Luxusklasse ab 100 JD
Obere Preisklasse 70–100 JD
Mittlere Preisklasse 30–70 JD
Untere Preisklasse bis 30 J

Badehotel in Aqaba: Im europäischen Winter sind im Radisson SAS (→ S. 60) noch Zimmer frei.

Essen und Trinken

Zur Küche des Orients gehören viele uns fremd anmutende Zutaten. Wer sich aber einmal auf diese ferne kulinarische Welt einläßt, wird sie zu schätzen wissen.

Wer nach Jordanien reist, braucht sich wegen des Essens keine Sorgen zu machen, selbst wenn er sich unter »orientalischer Küche« nur wenig vorstellen kann und arabischem Essen eher skeptisch gegenübersteht. Es gibt in den großen Städten Dutzende von »Italienern«, die Spaghetti oder Pizza servieren, oder China-Restaurants, deren Frühlingsrollen und Nasi Goreng sich von den Angeboten daheim nicht unterscheiden, ganz zu schweigen von den US-orientierten Fast-food-Ketten, auf die man überall im Land stößt.

Kulinarische Reise Aber in Jordanien arabische Speisen zu probieren, ist die Chance, den Orient auch kulinarisch kennenzulernen, denn Speisen und Getränke stehen in engem Zusammenhang mit den Kulturtraditionen eines Landes.

In Jordanien beginnt ein gutes Essen mit **Mezze**, den Vorspeisen. Dazu gehört, in kleinen Schälchen serviert, **Tabuleh** (ein Salat aus feingehackter Petersilie, Tomaten, Zwiebeln, Weizenschrot und Minze), **Hummus** (Kichererbsenbrei mit Zitronensaft, Knoblauch und Sesamöl, genannt Tahin, und serviert mit

Kaffee trinkt man gerne schwarz und stark gesüßt.

ESSEN UND TRINKEN

Olivenöl), **Ful** (gedünstete große Saubohnen), außerdem Oliven, Auberginen(-mus), Tomaten, eingelegte Paprikaschoten und die verschiedenen **Dolma-Arten**, in Weinblätter eingewickeltes gedünstetes Hackfleisch mit Reis.

Fest- und Nationalgerichte Das jordanische Nationalgericht heißt **Mansaf**. Es steht auf jeder Speisekarte, auch auf der der internationalen Hotels. Dort wird das Gericht meist vereinfacht erklärt: Lammfleisch mit Joghurt und Reis. Ursprünglich war es das Festgericht der Beduinen. Sie kochten einen ganzen Hammel in Joghurtsauce und servierten ihn auf einer Reistafel; alle Gäste saßen dabei auf dem Boden, bildeten ein Oval um die Tafel und aßen mit ihren Händen (jeder nur mit seiner rechten!). In Restaurants wird Mansaf heute mit Pinienkernen »verfeinert« und mit Kräuterjoghurt und frischem Salat gereicht.

Ebenso köstlich ist das jordanische **Musakhan**, ein in Olivenöl mit Zwiebeln, Gewürzen und Pinienkernen gebratenes Huhn, das auf Fladenbrot gereicht wird. Natürlich findet man auf jeder Speisekarte auch das in Europa bekannte **Shish Kebab**, jenes Gericht aus gerösteten Hammelfleischstücken oder Hackfleischröllchen, das mit Zwiebeln und Tomaten serviert wird.

Fisch- und Meeresfrüchte-Gourmets kommen in Jordanien nicht auf ihre Kosten. Wenn überhaupt, kann man fangfrischen Fisch nur in Aqaba erwarten, aber selbst dort haben die meisten »frischen« Fische bereits eine lange Reise in einem Tiefkühlfrachter hinter sich.

Außer Tomaten wachsen auch Zironen, Bananen und Papayas im Jordantal.

ESSEN UND TRINKEN

Libanesischer Imbiß Sehr empfehlenswert ist dagegen die arabische Fast-food-Variante, die in Garküchen entlang der Straßen oder in Stehimbissen angeboten wird. Versuchen sollten Sie, wenn Sie zum Beispiel zwischen zwei Museumsbesuchen zu wenig Zeit für einen Restaurantbesuch haben, in jedem Fall **Hummus** oder **Felafel**, knusprig gebackene Kichererbsenbällchen, die mit Salaten und Saucen in eine Fladenbrottasche gefüllt werden, oder **Shawarma**, gebratene Fleischstücke mit Zwiebeln in Fladenbrot gefüllt. Dazu trinken Sie am besten einen heißen Tee (**Tschai** oder **Shay**), der in Gläsern, stark gesüßt und mit Minzeblättern gereicht wird.

Süß – für unseren Geschmack fast zu süß – sind jordanische Backwaren, zum Beispiel **Baklava**, ein mit Haselnüssen und Mandeln gefüllter Teig, der mit Honig überzogen ist. **Konafa** ist jene köstliche warme Masse aus Honig, Pistazien und Schafskäse. Überall angeboten wird **Halwa** aus Honig und gerösteten Sesamsamen, oft mit gehackten Nüssen oder Pinienkernen bestreut.

Wie die Hotels werden auch die Restaurants kontrolliert und »klassifiziert« (ebenfalls ein bis fünf Sterne), wobei das zuständige Versorgungsministerium strenge Maßstäbe anlegt. An dieses Ministerium sind auch alle Beschwerden (beispielsweise über Preise) zu richten.

Getränke Eine staatliche Genehmigung zum Ausschank von alkoholischen Getränken erhalten nur Restaurants der Oberen Preisklasse (ab drei Sterne!). Überhaupt sind Bier, Wein und Alkohol in Restaurants relativ teuer (eine Flasche Bier kostet zum Bei-

In dieser mobilen »Espressobar« wird die Kaffeebereitung zelebriert.

MERIAN-TIP

Lebanese House in Jerash Die römische Ruinenstadt, 40 Minuten nördlich von Amman, ist nach Petra die bedeutendste Sehenswürdigkeit Jordaniens. Am Stadtrand, mitten zwischen Olivenbäumen, abseits des Omnibustourismus, hat eine Libanesin vor 20 Jahren ein Gartenrestaurant eröffnet, dessen hervorragende arabische Küche die anstrengende Besichtigung vergessen läßt. Hummus und selbstgebackenes Fladenbrot, Kebab mit grünem Salat und dazu frisch gepreßter Orangensaft sind die Spezialität des Hauses. Ortseingang Jerash, linker Hand, Straße nach Ajlun, Tel. 04/45 13 01, Mittlere Preisklasse ■ B 2

ESSEN UND TRINKEN

ESSEN UND TRINKEN

Zu den süßen Verführungen zählen auch Konafa, Harise und Baklava.

spiel 2 bis 3 JD). Wein wird aus der West Bank jenseits des Jordans »importiert«. Bei diesen Weinen – »made in the Holy Land« – handelt es sich wohl um speziell etikettierte israelische Weine, die an den Hängen des Golan oder des Berges Carmel wachsen und dort auch gekeltert und abgefüllt werden. Das lokale alkoholische Getränk, das gerne zu den deftigen arabischen Gerichten angeboten wird, ist **Arrak**, jener Anisschnaps, der mit Wasser verdünnt eine milchige Farbe annimmt. In jordanischen Lokalen wird er gerne pur auf Eis getrunken. Wer Alkoholfreies bevorzugt: Das jordanische Leitungswasser ist genießbar, wenn auch nicht schmackhaft; für ängstliche Wassertrinker wird überall Tafelwasser in Plastikflaschen angeboten. Natürlich gibt es auch an jedem Ort Coca-Cola (made in Jordan). Köstlich schmecken die Trinkjoghurtvariationen, **Laban**, wenn sie eisgekühlt sind.

Einheimische bestellen am Ende jedes Essens einen starken süßen Kaffee, **Qahwa mushata**, der wie ein türkischer Mokka zubereitet und mit Kardamom gewürzt wird. Wer diese Kaffee-Variation (Ausländern wird er als »Turkish coffee« offeriert) nicht bevorzugt, muß ausdrücklich einen »American coffee« bestellen. Dieser entspricht der traditionellen Tasse Kaffee in unseren Breiten. Für Araber gehört zu einem guten Essen auch eine **Schischa**, eine Wasserpfeife, die man nach dem Kaffee raucht. Wer kräftige Lungen hat, sollte sie unbedingt probieren.

Die arabischen Restaurants haben nachmittags zwischen 15 und 17 Uhr geschlossen, abends bis rund 23 Uhr geöffnet.

Restaurants sind bei den einzelnen Orten im Kapitel »Sehenswerte Orte und Ausflugsziele« beschrieben.

Preisklassen

Die Preise beziehen sich jeweils auf ein Menü ohne Getränke, Steuern und Trinkgeld.
Luxusklasse ab 25 JD
Obere Preisklasse 10–25 JD
Mittlere Preisklasse 5–10 JD
Untere Preisklasse bis 5 JD

Getrocknete Hülsenfrüchte, Gemüse und Gewürze.

Essen und Trinken

Einkaufen

Arabisches Kunsthandwerk,
Keramik, Schmuck oder Teppiche findet man in unterschiedlicher Qualität im Bazar und in den Geschäften der großen Städte.

In den großen Städten Jordaniens verkaufen die Geschäfte all das, was auch in europäischen Städten erhältlich ist, denn die meisten seiner Produkte muß das kleine Land importieren.

Goldrausch Eindrucksvoll und faszinierend ist dagegen das Angebot an altem und neuem Kunsthandwerk und wertvollem Schmuck. Die größte Auswahl an Gold- und Silberschmuck in Jordanien bietet die Hauptstadt Amman. Die Verlängerung der King Feisal Street mündet direkt in den **Gold Suk**, eine Straße, in der Dutzende von Geschäften Gold- und Silberschmuck anbieten. Wenn man einen dieser Läden betritt, verschaffen die wertvolle Ware, der geräuschdämpfende Teppichboden, das gleichmäßige Surren der Aircondition und die korrekt gekleideten Verkäufer eine exklusive Atmosphäre. Trotzdem: Gerade hier muß man in jedem Fall versuchen, durch Handeln den Preis zu senken.

Kunst und Kitsch In Amman gibt es keinen Bazar, aber überall in der Stadt findet man Geschäfte, in denen sich »typisches« Kunsthandwerk bis zur Decke stapelt. Bunte Webteppiche, edle Stoffe, Olivenholzschnitzereien, Perlmuttarbeiten, palästinensische Töpferarbeiten, mundgeblasenes Glas aus dem westjordanischen Hebron liegen neben gemeißelten Tieren aus diversen Steinen, Beduinenschmuck, Schmiedearbeiten aus Kupfer und Messing, alten Schwertern, Pistolen und Gewehren aus dem letzten Jahrhundert, Lederarbeiten, Wasserpfeifen, jemenitischen Krummdolchen und Schaffellen. Sehr beliebt sind mit buntem Sand gefüllte Flaschen. Im ganzen Land stößt man auf bestickte Kleider, Kissen, Taschen oder Tischdecken, die von palästinensischen Frauen kunstvoll hergestellt werden und deren Muster von Dorf zu Dorf verschieden sind. Selten sind die Waren mit Preisen ausgezeichnet. Es ist das Gebot eines zufriedenstellenden Geschäftsabschlusses, daß der Preis ausgehandelt wird. Mehr noch: Aushandeln des Preises ist der spannendste Teil des Kaufes.

Schnellkurs im Feilschen Wer nicht im orientalischen Kulturkreis aufgewachsen ist, muß Handeln lernen.

Festtagsschmuck von Beduinenfrauen im Folkloremuseum Amman.

EINKAUFEN

EINKAUFEN

Bevor Sie in den Bazar gehen, verteilen Sie genügend Geld in kleinen Scheinen auf mehrere Hosen- und Jackentaschen. Wenn Sie nun eine bestimmte Sache, zum Beispiel einen sehr schönen Teppich, im Auge haben, mustern Sie ihn geringschätzig, legen Sie ihn zur Seite und feilschen Sie um einen anderen. Nachdem Ihnen der andere Teppich zu teuer ist (den wollen Sie ja nicht!), stoßen Sie wie durch Zufall auf den gewünschten, betrachten ihn abwertend und fragen ganz beiläufig nach dem Preis.

Der Händler freut sich, zögert aber und sagt schließlich zum Beispiel: 1000 Dinar. Jetzt lachen Sie, sagen, das Stück sei nur 200 Dinar wert, aber Sie würden trotzdem 300 Dinar zahlen. Jetzt lacht der Händler und schlägt Ihnen 900 Dinar vor. Sie drehen den Teppich um, fahren prüfend mit der Hand über die Rückseite, finden eine schadhafte Stelle, einen schlechten Faden oder einen Schmutzfleck. Der Händler bietet jetzt 800. Sie nehmen 500 Dinar abgezählt aus der Tasche mit der Bemerkung, daß Sie mehr Geld auszugeben nicht in der Lage wären. Der Händler nimmt die 500, verlangt aber 700. Nach einigem Überlegen fingern Sie aus der nächsten Tasche weitere 50 Dinar und zeigen dem Händler mit einer Geste (zum Beispiel durch Umkrempeln der Hosentasche), daß Sie nicht über mehr verfügen. Der Händler empört sich ein wenig, gestikuliert mit wegwerfenden Handbewegungen, gibt Ihnen die 550 Dinar zurück, zieht den Teppich einen Meter von Ihnen weg und wendet sich ab.

Sie drücken Ihr Bedauern aus, gehen einige Schritte, bis der Ruf »Mister« oder »Madame« erschallt und der Händler »600« flüstert. Jetzt ziehen Sie die 550 wieder aus der Tasche und drücken sie ihm in die ausgestreckte Hand. Der Händler schimpft, aber ein Preis von 580 geht dabei über seine Lippen. Sie holen noch 20 Dinar aus der dritten Tasche. Nun ist der Kauf perfekt, Sie erwerben den Teppich für 570 Dinar, und der Händler lädt Sie zum Tee ein!

Kupfer- und Messingkaraffen in Amman.

Kinder in Jordanien sind immer willkommen. Am Strand von Aqaba gibt es Kinderprogramm, und im Wadi Rum können sie auf jungen Kamelen reiten.

Araber sind traditionsgemäß kinderfreundlich, nicht nur weil sie selber viele Kinder haben, sondern weil sie ihnen einen eigenen Wert zumessen. In arabischen Ländern dürfen Kinder weit mehr als in Europa. Disziplin wird wesentlich kleiner geschrieben, Nachsicht dafür um so größer. Überall trifft man auf die Hilfsbereitschaft Erwachsener, wenn Kinder einmal nicht uneingeschränkt den Anweisungen ihrer Eltern Folge leisten. Quengelnder Nachwuchs kann deshalb im kinderfreundlichen Jordanien gestreßten Eltern nicht den Urlaub verderben. Dessenungeachtet gilt natürlich: Sie sollten schon bei der Reiseplanung und -buchung auf kinderfreundliche Aspekte achten. Dazu zählt, daß Sie zum Beispiel Ihren Besichtigungsurlaub zugunsten einiger Tage am Strand unterbrechen.

In den großen Hotels der Hauptstadt organisiert die Rezeption Babysitter für die Kleinsten. Wer als Eltern gewisse Kriterien für den Urlaub mit Kindern beachtet, wird auch bei Größeren keine Schwierigkeiten haben: Wegen des langen Stillsitzens im Auto sollte man auf ganztägige Ausflüge, zum Beispiel zu den omajadischen Schlössern, mit Kindern verzichten und statt dessen mit ihnen lieber einen Tagesausflug zum Toten Meer unternehmen. Das Erlebnis, in

MERIAN-TIP

Aqaba Beach Hotel Hier sind Kinder besonders gut aufgehoben. Nicht nur, daß das Haus einen eigenen Strand besitzt, sondern das große, weiträumig umzäunte Hotelgelände mit altem Palmenbestand bietet auch genügend Platz für andere Aktivitäten als Schwimmen. Wenn Eltern dies wünschen, können abends ihre Kinder an einem eigenen Tisch gemeinsam zu Abend essen. Aqaba, Al-Corniche St., Tel. 03/2 01 40 91, Fax 2 01 20 56, 32 Zimmer (Haupthaus) und 80 Bungalows, Mittlere Preisklasse ■A6

MIT KINDERN UNTERWEGS

Der Einfluß vieler Völker spiegelt sich im Gesicht dieser kleinen Jordanierin.

einem Meer zu schwimmen ohne unterzugehen, werden sie niemals vergessen. Am besten sind Kinder in Aqaba aufgehoben. Am Strand des Badeortes treffen sie mit Sicherheit nicht nur viele Gleichaltrige aus arabischen Familien, sondern werden schnell Gelegenheit haben, mit Max aus Rosenheim oder Heike aus Leutersdorf Freundschaft zu schließen. Zudem ist der Strand von Aqaba nicht zu lang, um sich zu verlaufen, und bietet Kindern und Jugendlichen eine Fülle von Wassersportangeboten. Wenn Eltern einwilligen, können Jugendliche hier sogar an einem Kindertauchkurs teilnehmen bzw. auf Pferden des königlichen Reitclubs in die Wüste ausreiten. Wenn Ihr Kind gerne an einem Tauchkurs in Aqaba teilnehmen möchte, achten Sie darauf, daß sein Life-Jacket nicht zwei Nummern zu groß und die Preßluftflasche, die es auf dem Rücken Richtung Strand schleppt, nicht zu schwer ist. Zu groß geratene Flossen und Tauchmasken stellen ebenfalls ein Sicherheitsrisiko dar.

Spiel und Spaß Orient pur erwartet Kinder im Wadi Rum. Nirgendwo sonst im Land gibt es in der Nähe der Desert Police Station so viele Beduinen mit Kamelen, nirgendwo sonst entspricht die Wüste so den Vorstellungen, die sie aus Filmen wie »Lawrence von Arabien« oder »Indiana Jones« kennen. Besonders gerne nehmen sich im Wadi Rum die Beduinenfrauen blonder europäischer Kinder an, zeigen ihnen ihre Zelte und den eigenen Töchtern voller Begeisterung deren helles Haar. Wenn Sie dann noch eine Nacht im Gästezelt der Beduinen unterhalb der legendären Ayn-Abu-Ayna-Quelle verbringen (ca. zwei Kilometer von der Station der »Desert Police« entfernt, am südöstlichen Rand des Jabal Rum), dann werden die Kinder noch lange von diesem Wüstenabenteuer erzählen. Und Oma wird es nicht glauben, daß sie in der Wüste eine Nacht verbracht haben.

Die Geschichte des Alten Testaments hautnah zu erfahren ist für Kinder ganz besonders spannend.

MIT KINDERN UNTERWEGS

SPORT UND STRÄNDE

Das Wassersport-Paradies: Ob Wasserski, Windsurfen oder Tauchen unter fachmännischer Betreuung – Aqaba ist das Eldorado für Wassersportler.

In der Stadt am Roten Meer gibt es seit Jahren dank der Wassersport- und Tauchclubangebote mehrerer Hotels vielseitige Möglichkeiten für Badeurlauber. Wasserskifahren und Windsurfen gehören ebenso dazu wie Fischen und Tauchen. Außerdem kann man mit Booten kleine Ausflüge entlang der Küste machen oder mit »glassbottom boats« die farbenprächtige Korallen- und Fischwelt im Golf von Aqaba aus nächster Nähe erkunden. 1986 eröffnete am südlichen Küstenabschnitt von Aqaba, etwa zehn Kilometer vom Stadtzentrum entfernt, in unmittelbarer Nähe sehr schöner Korallenriffe die staatlich-königliche Tauchschule, das **Royal Diving Centre**. Diese Tauchbasis bietet Kurse für alle Schwierigkeitsstufen an, und wer sein Diplom als Tauchlehrer erwerben möchte, ist hier ebenfalls an der richtigen Stelle. Kurse für Schnorchler und Unterwasserfotografie, aber auch Einzelunterricht für Zögernde ergänzen das Angebot. Das Royal Diving Centre engagiert sich ökologisch in der Region und ist auch für Nicht-Taucher besuchenswert. Ganz neue Perspektiven haben sich für Taucher nach dem Friedensabkommen

In Aqaba kann man statt sporteln auch einfach nur faulenzen.

SPORT UND STRÄNDE

mit Israel eröffnet: Jetzt sind mehrtägige Tauchsafaris entlang der »Riviera des Roten Meeres« von Elat in Israel bis Sharm el Sheikh in Ägypten am Ausgang des Roten Meeres leicht zu organisieren.

Zukunftsmusik »Red Sea Riviera«

Diese Vision, daß die drei Anrainerstaaten des Roten Meeres gemeinsam vom Tourismus profitieren, wenn sie die Grenzformalitäten minimieren, haben die Minister für Tourismus von Israel, Ägypten und Jordanien 1999 in Berlin formuliert: Sie wollen ihre Regierungen von einem gemeinsamen Visum für die »Red Sea Riviera« anläßlich des Milleniums überzeugen.

Zur Kur ans Tote Meer

Baden – wenn auch nicht im herkömmlichen Sinne – kann man in Jordanien auch noch an anderen Stellen. Israel besitzt nicht mehr das Monopol des Gesundheitstourismus am Toten Meer. Mit der Eröffnung des Kurhotels **Dead Sea Hotel** (→ S. 38) verfügte Jordanien schon 1991 – außer seinem fünf Kilometer Luftlinie landeinwärts gelegenen Kurort **Hammamat Ma'in** – über ein modernes Heilbad direkt an den Ufern des Bahr Lut (so der arabische Name des Toten Meeres). Heute gibt es hier drei Hotels, darunter das 1999 neueröffnete **Mövenpick Resort & Spa** (→ S. 38), eine architektonisch herausragende und großzügig der Landschaft angepaßte Hotelanlage mit einem »Sanctuary Zara Spa«-Kurangebot.

Zieht Hammamat Ma'in, in dessen 59 heißen Quellen schon König Herodes Entspannung

Durch die Bergwelt im Wüstental des Wadi Rum.

suchte, in erster Linie Rheumakranke an, so war dieser nordöstliche Küstenabschnitt des Toten Meeres schon seit Jahrzehnten die einzige Anlaufstelle für Jordanier, ein Bad im dickflüssigen Salzwasser zu nehmen. Das staatliche **Dead Sea Resthouse**, heute zu einem Bungalow- und Apartmenthotel herausgeputzt, bot damals die erforderliche Infrastruktur. Jetzt hat dieser Strandabschnitt mit den neuen Hotels einen durchaus mit dem israelischen En Boqeq vergleichbaren »Erlebnis«-Wert, und nicht nur an Feiertagen trifft man mehr Entspannung- als Heilung-Suchende. Es ist wirklich ein Erlebnis: träge im Wasser zu liegen, ohne unterzugehen.

Erholung in Amman

Wer weder zum Toten Meer noch bis Aqaba vordringt, sondern Jordanien nur in und von der Hauptstadt aus kennenlernt, der kann das größte Sport- und Freizeitzentrum des Landes, die **Al- Hussein Sports City** in Amman, aufsuchen. Zu diesem modernen Sportkomplex gehören nicht nur ein großes Stadion, zahlreiche Sportplätze und Hallen für Volley- und Basketball, Badminton, Squash und Tennis, sondern auch ein großes Frei- und Hallenbad mit allen nur erdenklichen Neuheiten. Dieses Schwimmbad in der Hauptstadt ist allerdings das einzige öffentliche im ganzen Land. Und nach einem Beschluß des Abgeordnetenhauses müssen Frauen und Männer seit 1993 dort getrennt baden. Das Gesetz war von den Abgeordneten der Moslemischen Bruderschaft eingebracht worden und fand die Zustimmung von 41 der 54 Parlamentarier. Gemeinsames Schwimmen ist aber in allen Pools der großen Hotels möglich; einen der schönsten besitzt das Radisson SAS (→ S. 47).

Königliche Pferde

Reitsportfreunden bietet sich dagegen seit 1994 eine neue Attraktion: Auf Pferden der königlichen Stallungen kann man am Strand von Aqaba und vom omaijadischen Wüstenschloß Qasr Azraq zur Oase gleichen Namens reiten und die Weite der Wüste kennenlernen.

»Hochfliegende« Träume

Sportbegeisterte können die Wüste auch aus einer anderen Perspektive kennenlernen: Von März bis Mai und von September bis November besteht die Möglichkeit, frühmorgens im Wadi Rum mit einem Heißluftballon zu »fahren«. Bis zu sechs Personen passen in den Korb, und für die einstündige Fahrt muß man 50 JD mitbringen. Buchung: Balloons over Jordan, Tel. 04/ 6 82 52 24.

Im Kurort Hammamat Ma'in locken Kaskaden und heiße Quellen, aber auch das gesuchte Grab von Moses vermutet man hier.

Sport und Strände

Sport und Strände

Baden im Toten Meer

Ashtar Kurhotel ■ B 3
Großzügige Anlage mit eindrucksvollem Wasserfall vor grandiosem Gebirgspanorama.
Hammamat Ma'in Spa
Tel. 05/54 55 00, Fax 05/54 55 50

Dead Sea Hotel ■ B 3
Salt Land Village; dreistöckige Zweckbauten in schöner Gartenanlage, Süßwasser-Schwimmbad.
Tageskarte 7 JD
Tel. 05/3 25 20 02, Fax 3 25 20 12

Mövenpick Resort & Spa ■ B 3
Luxushotel in schöner Parkanlage mit eigenem Amphitheater und herausragendem Spa-Programmangebot, mehrere Spezialitätenrestaurants.
Tageskarte 15 JD
Suweimah
Tel. 05/3 25 20 30, Fax 05/3 25 20 20

Tauchen in Aqaba

Royal Diving Centre ■ A 6
P. O. Box 21
Tel. 03/2 01 70 35, Fax 2 01 70 97

Aquamarina Diving Club ■ a 1, S. 63
c/o Hotel Aquamarina I
P. O. Box 96
Tel. 03/2 01 62 50-4, Fax 2 01 42 71

Seastar Watersports ■ b 1, S. 63
c/o Al-Cazar Hotel
P.O. Box 392
Tel. 03/2 01 41 31, Fax 2 01 41 33

Red Sea Diving Centre ■ b 1, S. 63
Neben dem Aqaba Gulf Hotel. Älteste Tauchschule am Ort, familiär, sehr erfahren (empfehlenswert).
Tel. 03/2 02 23 23,
Tel. und Fax 2 01 89 69

Mitglieder deutscher Tauchclubs erhalten gegen Vorlage ihres Ausweises einen Nachlaß (zwischen 10–25%) bei den Tauchschulen in Aqaba.

MERIAN-TIP

Tauchen in Aqaba Im warmen, klaren Wasser des Golfs haben sich in vielen Jahrtausenden nahe der Küste Korallenriffe gebildet, die heute der Lebensraum vieler tropischer Fischarten sind. Die Tauchschulen der großen Hotels Aquamarina und Radisson SAS oder das Royal Diving Centre bieten Grundkurse für 150–200 JD inkl. Ausrüstung und Tauchscheinprüfung an. Unterrichts- und Verständigungssprache ist Englisch. Erfahrene Taucher schätzen Aqaba als ideale Ausgangsbasis für mehrtägige Tauchausflüge zu den Revieren an der Südspitze des Sinai bei Sharm el Sheikh und am Ras Muhammad. Tauchbasen → Tauchen in Aqaba ■ A 6

FESTE, FEIERTAGE UND FESTSPIELE

Die islamischen Feste Id al-Fitr und Id al-Adha sind die höchsten religiösen Feiertage der arabischen Welt und werden entsprechend begangen.

Id al-Fitr feiert das Ende des Fastenmonats Ramadan, Id al-Adha das Opferfest am Ende des Monats der Pilgerfahrt nach Mekka.

Drei weitere **religiöse Feiertage** kommen in Jordanien hinzu: das islamische Neujahrsfest (Hedschra), das am ersten Tag des Monats Muharram begangen wird, der Geburtstag des Propheten Mohammed (Moulid al-Nabi) und sein Besuch im Himmel (Id al-Isra wa'l Mirash). Die Termine der religiösen Feiertage in der islamischen Welt ändern sich von Jahr zu Jahr, denn die Grundlage ihrer Festlegung ist immer der islamische Kalender, auch wenn der gregorianische Kalender den Alltag bestimmt. Zu den religiösen (beweglichen) Feiertagen zählt auch das christliche Ostern, das ebenfalls staatlicher Feiertag ist.

Der islamische Kalender

Er beginnt mit der **Hidschra**, der Flucht Mohammeds von Mekka nach Medina, die sich am 15. Juli 622 christlich-gregorianischer Zeitrechnung zugetragen hat. Deshalb steht hinter den Jahreszahlen des islamischen Kalenders der Zusatz A. H. – Anno Hidschra.

Der Koran hat die Umlaufzeit des Mondes um die Erde zur Grundlage der Zeitrechnung bestimmt. In der entsprechenden Sure (10,5) heißt es: »Er ist es, der gemacht hat die Sonne zu einer Leuchte und den Mond zu einem Licht; und verordnet hat er ihm Wohnungen, auf daß ihr die Anzahl der Jahre und die Berechnung der Zeit wisset.« Da Mondjahre durchschnittlich elf Tage kürzer sind als Sonnenjahre, sind der Hidschra-Kalender und der christlich-gregorianische Kalender nicht datumsgleich. So begann das Jahr 1420 A. H. islamischer Zeitrechnung bei uns am 17. April 1999.

Im Koran sind auch die Anzahl und Reihenfolge der zwölf Mondmonate des islamischen Kalenders festgelegt: Muharram (30 Tage), Safar (29 Tage), Rabi al-Awal (30 Tage), Rabi al-Akhir (29 Tage), Jumada al-Ula (30 Tage), Jumada al-Akhira (29 Tage), Rajab (30 Tage), Shaban (29 Tage), Ramadan (30 Tage, Fastenmonat), Shawal (29 Tage), Dhu al-Qada (30 Tage), Dhu al-Hijra (29 Tage, im Schaltjahr 30 Tage). Die kürzeren Mondmonate haben zur Folge, daß die moslemischen Feiertage nach Maßgabe des christlich-gregorianischen Kalenders »durch das Jahr nach

Feste, Feiertage und Festspiele

FESTE, FEIERTAGE UND FESTSPIELE

Jedes Jahr im Juli begeistert die Akustik in den antiken Ruinen von Jerash beim Jerash Festival, dem bedeutendsten Kulturereignis des Landes.

FESTE, FEIERTAGE UND FESTSPIELE

vorne wandern«, d. h. jedes Jahr zehn bis elf Tage früher liegen.

Ramadan und id al-Fitr

Der 9. Monat des islamischen Kalenders ist der Fastenmonat **Ramadan**. Während die Sonne am Himmel steht, darf – das befiehlt der Prophet – nicht gegessen, getrunken, geraucht und geliebt werden. In Jordanien wird diese Regel von der Mehrzahl der Bürger eingehalten. Die Restaurants sind tagsüber geschlossen, und in der Öffentlichkeit, auf der Straße oder im Pub, dürfen Nicht-Moslems während des Fastenmonats weder essen noch trinken. Nur in 5-Sterne-Hotels bekommen Ausländer Speisen serviert, dort sind sie meistens dann die einzigen Gäste. Diskotheken und Nachtklubs sind während des Ramadan geschlossen, alkoholische Getränke werden weder verkauft noch ausgeschenkt. Mit öffentlichen Dienstleistungen ist tagsüber nur eingeschränkt zu rechnen, am Nachmittag erlischt das öffentliche Leben beinahe völlig. Dafür wird dann abends und in der Nacht alles nachgeholt. Am Ende des Fastenmonats Ramadan beginnt das Fest des Fastenbrechens **Id al-Fitr**, ein fröhliches, ausgelassenes Fest, an dem man sich besucht und beschenkt. Bis zu fünf Tagen wird es gefeiert, mindestens vier Tage lang sind Geschäfte und Ämter geschlossen.

Id al-Adha – das Opferfest

Das Opferfest steht in Zusammenhang mit Hadsch, der Pilgerfahrt nach Mekka, die im 12. Monat des islamischen Jahres stattfindet. Wie das Zeremoniell der Pilgerfahrt die Gleichheit und

Die religiösen Festtage werden begeistert gefeiert.

Einheit aller Muslime symbolisiert, so betont das Opferfest ihre soziale Gemeinschaft. Denn das Fleisch der Tiere – meist eine Ziege oder ein Schaf –, das der Familienvater im Andenken an den Opfergehorsam Abrahams schlachtet, wird unter Armen und Bedürftigen verteilt. Aber der Teil, der übrig bleibt, reicht immer – dank der vorausschauenden Einkaufsplanung des Familienoberhaupts – für ein großes Familienfest. Und zur Not muß man noch ein Tier schlachten, denn man feiert ja mindestens drei Tage lang.

Feiertage und Festivals

Die weltlichen Feiertage verlieren gegenüber den religiösen deutlich an Glanz. Die Bevölkerung hat dann einen freien Tag; öffentlich gefeiert werden sie in erster Linie von Politikern und Diplomaten (Daten dieser Feste → Jordanien von A–Z, S. 112).

Freunde öffentlicher Musikveranstaltungen kommen besonders im Sommer auf ihre Kosten. In zwei antiken Theatern, in Jerash und in Amman, finden dann am Abend Konzertveranstaltungen auf hohem künstlerischen Niveau statt. Aber auch in gewohnter Umgebung kann man klassische Konzerte genießen, so im Royal Cultural Centre, dem modernsten Kulturzentrum in Amman (Tel. 06/5 66 10 26). Von allen Ländern der arabischen Halbinsel besitzt Jordanien die größte Kunstszene. Förderung erfahren einheimische Künstler in Amman vor allem durch mehrere renommierte Galerien und die ausländischen Kulturzentren, zum Beispiel das Goethe Institut (Tel. 06/4 64 19 93), das British Council (Tel. 06/4 63 61 47) und das French Cultural Centre (Tel. 06/4 63 70 09), die gern gemeinsame Ausstellungen von jordanischen und internationalen Künstlern organisieren.

MERIAN-TIP

Jerash Music Festival Jedes Jahr im Sommer werden im römischen Amphitheater in Jerash drei Wochen lang abends Konzerte, Theateraufführungen, Chöre oder Folkloretänze angeboten. Wenn man auf den steil ansteigenden Steinbänken sitzt und die Darbietungen in der Umgebung der in glänzendes Flutlicht getauchten Ruinen und vor den römischen Säulen auf der Bühne genießt, fühlt man sich direkt in die Antike versetzt. Genaue Termine und Programme entnehmen Sie der *Jordan Times*. Auskunft erteilt auch das Jerash Festival Office, Amman, Tel. 06/5 67 51 99, Fax 5 68 61 89
■ B 2

Auf historischem Boden erbaut,
gehört die Stadt mit 1,5 Millionen Einwohnern mittlerweile zu den wichtigsten Handelsmetropolen im Nahen Osten.

Amman ■ B 3
1,5 Millionen Einwohner
Stadtplan → Klappe hinten

Hügel prägen das Stadtbild, und nur wer Lage und Namen der wichtigsten Hügel kennt, findet sich in Amman zurecht, denn die Namen des jeweiligen Hügels (**Jabal**, ausgesprochen: Dschebel) sind meist Bestandteil der Adresse.

Nach dem Zerfall des griechischen Reiches unter Alexander dem Großen errichtet der Seleukide Ptolemaios II. Philadelphos zwischen 285 und 246 v. Chr. auf dem heutigen Zitadellenhügel die ersten Bauwerke, von denen allerdings nichts mehr erhalten ist. Die Stadt wurde auf den Namen **Philadelphia** getauft. Unter dem römischen Feldherren Pompeius trat Philadelphia dem halbautonomen Städtebund Dekapolis bei. Im 1. Jahrhundert n. Chr. entstanden dann jene klassischen Bauwerke rund um das Amphitheater, auf die die jordanische Hauptstadt heute so stolz ist. Nach der Teilung des Römischen Reiches residierten christliche Bischöfe in Philadelphia. Seit der Eroberung durch die islamischen Truppen des Propheten um 635 erhielt die Stadt ihren semitischen Namen **Ammon** zurück. In den folgenden Jahrhunderten wird die Stadt zunehmend bedeutungslos und zerfällt. 1878 siedelt die türkische Regierung moslemische Tscherkessen aus dem russischen Zarenreich an und wählt Amman als Ort dieser Völkerverschiebung. Nach dem Sieg über die Türken durch britische und arabische Truppen wird Amman 1921 Hauptstadt des neuen **transjordanischen Emirats**, und als sich die Briten nach dem Zweiten Weltkrieg aus dem von ihnen mitverursachten Chaos im Nahen Osten zurückzogen, erklärte König Abdullah im Zuge des arabisch-israelischen Krieges Amman 1950 zur Hauptstadt des **Haschemitischen Königreiches Jordanien**, zu dem das Gebiet der West Bank gehörte.

Amman, in dem mehr als ein Drittel der jordanischen Bevölkerung lebt, wird auch »weiße Stadt« genannt, denn viele Häuser sind aus hellem Sandstein gebaut oder mit Marmor verkleidet. In den Strahlen der untergehenden Sonne leuchtet die Stadt in Beige und Weiß.

Glanz vor und auf dem Dach der King-Abdullah-Moschee.

Hotels/andere Unterkünfte

In der Hauptstadt gibt es das größte und abwechslungsreichste Hotelangebot des ganzen Landes; besonders in den letzten Jahren entstanden attraktive Hotelneubauten. Fast alle Besucher Jordaniens übernachten einmal in Amman, und die meisten Ausflüge ins Land werden von Amman aus angeboten.

Alia Gateway ■ B 3
Große Nobelherberge direkt am Flughafen, 30 km zum Zentrum.
Tel. 08/4 45 10 00, Fax 4 45 10 29
300 Zimmer
Obere Preisklasse

Amman Marriott ■ b 2
Arabisches Interieur, britisches Management, sehr gutes Frühstücksbuffet.
Shmeisani, Isam Ajlouni Street
Tel. 06/5 60 76 07, Fax 5 67 01 00
294 Zimmer
Luxusklasse

Amra Forum westlich ■ a 4
Komfortabler Hotelhochbau im Residenzviertel.
6th Circle, Feisal Ibn Abdul Aziz Street
Tel. 06/5 51 00 01, Fax 5 51 00 03
274 Zimmer
Obere Preisklasse

Bonita ■ c 5
Pension mit spanischem Ambiente.
3rd Circle, Jabal al-Amman
Tel. 06/4 61 50 60, Fax 4 64 95 48
16 Zimmer
Untere Preisklasse

Cameo ■ a 4/b 4
Kleines, vierstöckiges Hotel, nettes Personal. Nähe Verkehrsministerium.
4th Circle, Hay Zahran
Tel. 06/4 64 45 15, Fax 4 64 45 79
40 Zimmer
Mittlere Preisklasse

Blick vom Dach des Marriott auf den Pool und die Stadt.

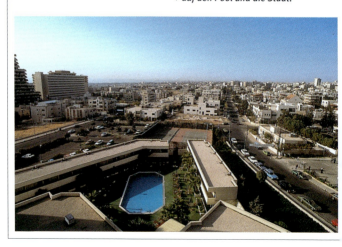

AMMAN

Carlton Hotel ■ c 5
Lichtdurchflutet, dreistöckig,
hervorragendes Preis-Leistungs-
Verhältnis.
3rd Circle, Jabal al-Amman
Tel. 06/4 65 42 00, Fax 4 65 58 33
65 Zimmer
Mittlere Preisklasse

Commodore ■ a 2
Siebenstöckiger Bau, unauffälliges,
aber gediegenes älteres Haus.
Shmeisani, oberhalb von Sport City
Tel. 06/5 60 71 85, Fax 5 66 61 87
96 Zimmer
Mittlere Preisklasse

Grand Palace ■ b 2
Ansprechendes Haus in schöner
Gegend.
Queen Alia St./Ecke Sport City Rd.
Tel. 06/5 69 11 31, Fax 5 69 51 43
160 Zimmer
Mittlere Preisklasse

Hyatt Amman ■ b 5
Herausragender Komfort, postmo-
derner Architektur, elf Stockwerke,
mehrere Restaurants.
Hussein Ibn Ali St.
3rd Circle, Jabal al-Amman
Tel. 06/4 65 12 34, Fax 4 65 16 34
316 Zimmer
Luxusklasse

Jordan Intercontinental ■ c 5
Beliebt bei Journalisten, internatio-
nales Flair, behindertengerecht.
3rd Circle, Queen Zein Street
Tel. 06/4 64 13 61, Fax 4 64 52 17
352 Zimmer
Luxusklasse

Le Meridien
(ehem. Forte Grand Amman) ■ b 2
Luxusherberge in schöner Lage.
Shmeisani, Queen Noor St.
Tel. 06/5 69 65 11, Fax 5 67 42 61
271 Zimmer
Luxusklasse

Radisson SAS ■ b 4
Hochhaus aus Glas und Marmor;
sehr schöner Swimmingpool.
Hussein Ibn Ali St.
Tel. 06/5 60 71 00, , Fax 5 66 51 00
275 Zimmer
Obere Preisklasse

Rama Hotel (ehem. Ramada Hotel)
westlich ■ a 4
Gepflegtes Haus im Westen der Stadt,
mit Disco und Swimmingpool.
7th Circle, Abdullah Gusheh
Tel. 06/5 81 67 22, Fax 5 82 59 41
51 Zimmer
Mittlere Preisklasse

Regency Palace ■ b 2
18stöckiges Komforthotel
(→ Bild S. 19).
Queen Alia St., Sports City Rd.
Tel. 06/5 60 70 00, Fax 5 66 00 13
273 Zimmer
Obere Preisklasse

San Rock westlich ■ a 4
Geschmackvoll eingerichtete Zim-
mer in gutgeführtem Haus.
Um Uthaiha, 6th Circle
Tel. 06/5 51 38 00, Fax 5 51 36 00
100 Zimmer
Mittlere Preisklasse

Sandy Palace ■ c 3
Arabischer Dekor, große Zimmer,
schöne Lobby.
Khalid Ibn al-Walid St.
Tel. 06/5 62 11 02, Fax 5 62 11 07
76 Zimmer
Mittlere Preisklasse

Theodor Schneller Schule
nordöstlich ■ a 1
Gästehaus der Evangelischen
Bildungseinrichtung.
Außerhalb der Stadt, Richtung Zarqa
Tel. 05/3 61 61 03, Fax 3 61 27 67
12 Mehrbettzimmer und Schlafsäle,
nur 10 DZ
Untere Preisklasse

Spaziergang

Amman erstreckt sich über viele Hügel, aber nicht alle sind für Besucher von gleichrangiger Bedeutung. Zur ersten Orientierung von Osten nach Westen:

Auf dem **Jabal al-Qusour** befinden sich die königlichen Paläste Basman und Raghadan, deren Tore aber für Besucher verschlossen bleiben. Der **Jabal al-Qala'a** ist der angrenzende Zitadellenhügel, auf dem man die historischen Wurzeln der Stadt besichtigen kann. Der **Jabal al-Jaufa** liegt gegenüber und ist bevorzugtes Wohngebiet, zu dessen Füssen sich das römische Amphitheater befindet. **Jabal al-Amman**, der Hügel mit den Botschaften, Hotels und Ministerien, gehört zu den »feinen Bezirken« der Stadt und grenzt unmittelbar an den Jabal al-Qala'a an. Der **Jabal al-Hussein** liegt nördlich hinter dem Jabal al-Amman, hier befinden sich die zentrale Jett-Busstation und die King-Abdullah-Moschee.

Für den Besuch der bedeutenden Sehenswürdigkeiten der Stadt bietet sich ein Rundgang an. Er beginnt auf dem Jabal al-Qala'a (Aufstieg oder Anreise per Taxi!), von dem man einen herrlichen Blick über die Stadt hat und eine erste Orientierung gewinnen kann. Hier stehen **Qasr** (die Burg), die **Byzantinische Kirche** und der Tempel des Herkules. Vom Jabal al-Qala'a steigt man hinab zum Forum, in dessen Zentrum sich das **Römische Amphitheater** befindet. Hinter dem Forum beginnt die Mukhtar Street, an der das römische **Nymphäum** steht und die direkt durch den **Suk** zur großen **Hussein-Moschee** führt.

Sehenswertes

Al-Hussein-Moschee ■ e 5
König Abdullah Ibn Hussein, der Urgroßvater des heute regierenden Königs Abdullah, ließ 1924 die zerfallene omaijadische Moschee abreißen und einen neuen, rechteckigen Flachbau mit zwei unterschiedlichen Minarettürmen errichten. Auffallend an dem rosa-weißen Bau ist, daß im Gegensatz zu den meisten Moscheen des Nahen Ostens die Al-Hussein-Moschee keine Kuppeln besitzt. Dies soll König Abdullah angeordnet haben, weil er sich bewußt von der osmanischen Tradition abgrenzen wollte.
King Talal St./King Hussein St.
Besuche nur außerhalb der Gebetszeiten

Amphitheater ■ e 5
Im nördlichen Teil des Forums haben die Römer unter Kaiser Antonius Pius zwischen 138 und 161 n. Chr. dieses Theater errichtet, eine der herausragenden römischen Freilichtbühnen des Nahen Ostens. Auf seinen 44 Sitzreihen hatten über 6000 Besucher Platz. Bis 1957 waren große Teile noch verschüttet, so die 100 m breite Bühne. 25 m hohe Mauern umgaben das Bühnengelände; heute finden hier regelmäßig Konzerte und Theateraufführungen statt.

Forum ■ e 5
Der antike Stadtkern, das römische Philadelphia, liegt im Tal zu beiden Seiten des Wadi Amman. Seine Baumeister hatten das hier verbreiterte Flußtal genutzt und mit Aufschüttungen und Flußüberspannungen ein eindrucksvolles, relativ breites Forum vor den ansteigenden Kalksteinfelsen angelegt. Von den Säulen dieser antiken Zentralstraße, die vom Odeon im Norden zum

Nymphäum im Süden reichte, stehen nur noch ganz wenige. Seit 1964 ist das Forum städtische Grünanlage und Versammlungsplatz (Haschemitische Gärten); im Zentrum steht ein neuer Uhrturm.

King-Abdullah-Moschee c 4

Die größte und schönste Moschee Ammans steht auf dem Jabal al-Hussein gegenüber dem Parlamentsgebäude. Zwei schlanke, mittelhohe Minarette mit angesetzten Erkern überragen die türkisblaue Kuppel, die sich ohne Säulenabstützung über dem Zentralschiff erhebt. Auch innen ist der Moscheerundbau, dessen Architektur sich bewußt an die des Felsendoms in Jerusalem anlehnt, in Blau gehalten. Freitags sind es 3000 Gläubige, die auf einem riesigen rotblauen Teppich beten. Weilt der König in Amman, nimmt er an den Gebeten teil. Die hellen Kalksteinquader und Marmorfassaden der Außenmauern heben sich wohltuend vom bunten Umfeld ab. Die King-Abdullah-Moschee wurde zwischen 1982 und 1989 von König Hussein zu Ehren seines Großvaters erbaut. Die Moschee ist als islamisches Gotteshaus in erster Linie gläubigen Moslems vorbehalten, aber für ein unauffällig angebotenes Bakschisch führt das Pfortenpersonal Besucher durch die Räumlichkeiten.

Nymphäum e 5

Unmittelbar hinter der Hussein-Moschee stößt man auf das Nymphäum, die unübersehbare zentrale Brunnenanlage des römischen Philadelphia, wahrscheinlich Ende des 2. Jh. erbaut. Vom Brunnen und seinem Nischenhalbrund sind nur noch Ruinen und zwei mächtige Säulen erhalten geblieben. Daß es sich um den Schnittpunkt zweier römischer Straßen am südlichen Ende des Forums handelt, in dessen Mitte das Nymphäum einst stand, belegen neuere Ausgrabungen. 1992 konnten ein Badehaus samt Teich sowie mehrere Torbögen, Häusereste und Straßenteile freigelegt werden. Zur Zeit erschweren Bauarbeiten die Besichtigung der Anlage.

Mit Spuren der Zeit und dennoch schön: Torso im Amphitheater.

Odeon ■ e 5

In der Nähe des Theaters begrenzt das Odeon die Kolonnadenstraße des Forums nach Osten. Dieser kleine Theaterbau mit 18 Reihen aus der Mitte des 2. Jh. diente in erster Linie Dichterlesungen und Musikdarbietungen vor wenigen ausgesuchten Zuschauern. Er ist fast vollständig erhalten geblieben und wurde 1995 anspruchsvoll restauriert.

Türme aus der Eisenzeit ■ a 4/c 6

In den letzten Jahrzehnten haben Archäologen im Westen und Süden der Stadt mehrere turmartige Befestigungsanlagen entdeckt, die, um 1000 v. Chr. errichtet, zuerst als Grenzschutzbauten der Ammoniter gegen die Israeliten interpretiert wurden. Neuere Erklärungen stufen diese Bauwerke aber als »befestigte Karawansereien« ein, weil man in dieser Epoche nicht Grenzen, sondern nur Orte schützte und diese Anlagen – **Rujm el Mafluf** genannt – entlang alter Handelsstraßen rundum im jordanischen Hügelland zu finden sind. Die Ruinen eines Wehrturms befinden sich an der Nordseite des Jabal al-Amman, in unmittelbarer Nähe der Deutschen Botschaft. Diese Anlage kann wegen der Ausmaße der verwendeten Steinblöcke nicht übersehen werden und gibt Rätsel auf, wie derart große Steine damals von Menschen übereinandergeschichtet werden konnten.

Zitadellenhügel/ Jabal al-Qala'a ■ e 5

Gegenüber dem Römischen Theater erhebt sich in der Form eines liegenden »L« der Jabal al-Qala'a, der am längsten besiedelte Hügel Ammans. Heute wohnen allerdings keine Privatleute mehr auf dem Hügel; er ist ausschließlich ein Ort historischer Baudenkmäler. Um die Lage der Bauwerke besser zu lokalisieren, unterscheiden die Archäologen eine **obere Zitadelle** (die breitere Nord-Süd-Ausdehnung, in der sich alle wesentlichen Bauwerke befinden) und eine **untere Zitadelle** (die Ost-West-Achse des »L«, in der kaum Ruinen zu finden sind, von der man aber den Blick auf das Theater und die Stadt genießen kann).

Sieht man von den Keramikfunden der Bronzezeit ab, hinterließen vor allem die Römer auf dem Jabal al-Qala'a ihre Spuren. Von ihnen stammen die freigelegten Wälle (zum Schutz der Befestigungsanlagen) und die Ruinen des **Herkulestempels** (Akropolis genannt), der während der Regentschaft von Kaiser Marc Aurel (161–180 n. Chr.) erbaut wurde. Die überdimensional große Hand aus Marmor, die heute am Eingang des Nationalen Archäologischen Museums ausgestellt wird, führte zu Rekonstruktionsberechnungen einer 9 m hohen (Herkules-) Statue, die vor dem Tempel stand.

Im 6. Jh. errichteten die oströmischen christlichen Kaiser hier eine 20 m lange und 12 m breite **Byzantinische Kirche**, 100 m nördlich des Herkulestempels.

Den Nordteil der oberen Zitadelle nimmt ein mächtiges quadratisches Bauwerk ein, die Zitadelle (arabisch: Qasr), die dem Hügel den Namen gab. Ihr Grundriß beträgt 25 x 27 m, die Ruinen ragen etwa 9 m in die Höhe. Dieses eindrucksvolle Gebäude mit einem monumentalen Tor, einer Halle und vier Räumen mit Deckengewölben entstand unter den islamischen Omaijaden um 790 n. Chr. und wird deshalb auch Omaijadenpalast genannt. Er diente als Festung oder als Palast.

Säulen des Herkulestempels auf dem Jabal al-Qala'a.

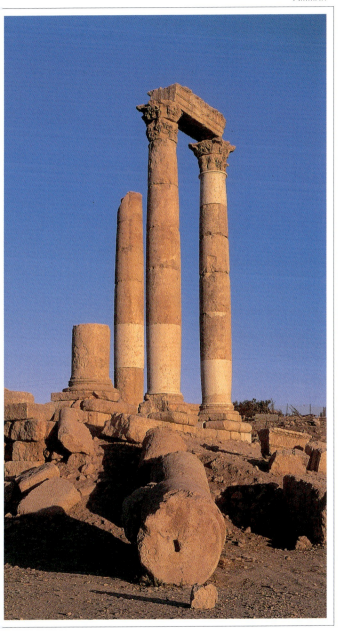

Museen 🏛

Archäologisches Museum (Jordan Archaeological Museum) ■ e 5
Bedeutendstes Museum der Stadt mit Exponaten von der Prähistorie bis zum Mittelalter, u. a. vier seltene Tonsarkophage aus der Eisenzeit. Renommierteste Ausstellungsstücke sind einige Schriftrollen aus Qumran, eine Kopie der Mesha-Stele des gleichnamigen Moabiterkönigs aus dem 8. vorchristlichen Jh. und der steinerne Kopf der römischen Stadtgöttin Fortuna.
Auf dem Zitadellen-Hügel
Tgl. außer Di 9–17, Fr und an Feiertagen 10–16 Uhr
Eintritt 2 JD

Archäologisches Museum der Universität (Jordan University Archaeological Museum)
nordwestlich ■ a 1
Ausgrabungsfunde von der Bronzezeit bis zum Mittelalter, aber auch Trachten, altertümlicher Hausrat.
Auf dem Gelände der University of Jordan
Tgl. außer Do und Fr 8–17 Uhr
Eintritt frei

Jordanische Nationalgalerie (Jordan National Gallery of Fine Art) ■ c 4
Malerei, Bildhauerei und Objekte zeitgenössischer jordanischer Künstler; orientalische Gemäldesammlung aus dem 19. Jh.
Muntazah, Jabal al-Weibdeh
Tgl. außer Di 10–13.30 und 15.30–18 Uhr
Eintritt 2 JD

Jordanisches Folkloremuseum (Jordan Folklore Museum) ■ e 5
Möbel, Musikinstrumente, Handwerkskunst des Alltags, Ausstellungsstücke des traditionellen jordanischen Lebens.
Im Ostgewölbe des Römischen Amphitheaters
Tgl. außer Di 9–17 Uhr
Eintritt 1 JD

Eine Auswahl der schönsten Beduinentrachten sieht man im Folkloremuseum.

Jordanisches Museum für Volkskunde (Jordan Museum of Popular Tradition) ■ e 5

Jordanische Trachten aus verschiedenen Jahrhunderten, Schmuck, Waffen und schöne Mosaiken aus Jerash und Madaba.
Im Westgewölbe des Römischen Amphitheaters
Tgl. außer Di 9–17 Uhr
Eintritt 1 JD

Essen und Trinken ⌧

Al-Farouki ■ b 2
Das Café mit dem besten arabischen Kaffee der Stadt; schmackhaftes Gebäck.
Shmeisani

Andalusia ■ b 2
Spitzenrestaurant; spanisch-arabisches Interieur, leise Tafelmusik und gedämpftes Licht, hervorragende nationale und internationale Gerichte, große Auswahl an Weinen aus dem »Heiligen Land«.
Hotel Le Meridien, Shmeisani
Tel. 5 69 65 11
Obere Preisklasse

Kan Zaman ■ B 3
Einst eine alte Karawanserei, heute u. a. ein sehr ansprechendes Restaurant mit guter arabischer Küche. Nach dem Essen kann man unter dem gleichen Dach durch mehrere Läden des Kunsthandwerkbazars bummeln.
Airport Road, Al-Yadudah
Tel. 4 12 83 91/2/3
Obere Preisklasse

Royal Club Restaurant ■ b4
Im 13. Stock des Radisson SAS Hotels sind die Speisen und der Ausblick von gleichermaßen beeindruckender Qualität; freitags skandinavischer Brunch.
Hussein Ibn Ali St.
Tel. 5 60 71 00
Mittlere Preisklasse

Tower ■ c 5
Restaurant im 23. Stock eines Bürohochhauses mit herrlichem Blick über die Stadt.
Hinter dem Hotel Intercontinental, Jabal al-Amman
Tel. 5 63 40 34
Mittlere Preisklasse

Einkaufen

In der Hauptstadt gibt es keinen traditionellen Suk, etwa vergleichbar mit dem »Al-Hamedin« in Damaskus oder dem in der Altstadt Jerusalems. Statt eines abgegrenzten Einkaufsbezirks gibt es mehrere orientalische Ladenstraßen, deren Geschäfte bis zur Decke mit Waren gefüllt sind. Eine solche Ladenstraße, ergänzt durch fliegende Händler mit Verkaufswagen, befindet sich vor und hinter der Hussein-Moschee.

Goldschmuck ■ e 5

Über 50 Geschäfte nebeneinander im »Gold-Suk« in der Hussein Street, einer Seitenstraße der King Feisal Street nahe der Hussein-Moschee. 24karätiger Goldschmuck kann in Jordanien wegen niedriger Lohnkosten billiger sein als in Deutschland; Interessenten sollten sich deshalb vor der Abreise nach den Goldschmuckpreisen in Deutschland erkundigen!

AMMAN

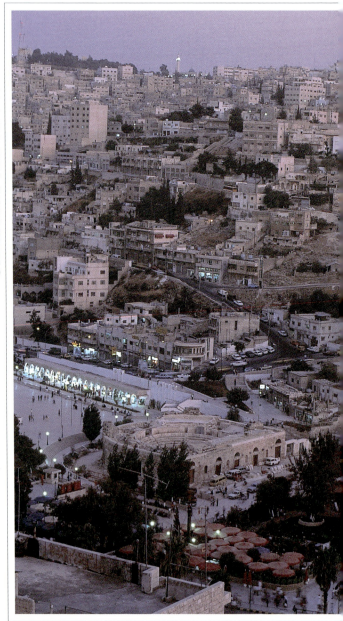

Blick vom Zitadellenhügel: Zu seinen Füßen liegen das römische Amphitheater, das römische Odeon und das neugestaltete Forum mit dem Uhrturm.

Kunsthandwerk und Antiquitäten

Al-Afghani
Antiquitäten, Silberschmuck, Perlmuttartikel, Olivenholzarbeiten.
Geschäfte in Jabal al- Weibdeh, Al-Huwaz Circle, Jabal al-Hussein

Al-Aydi Jordan Craft Centre ■ c 5
Traditionsreiches Haus zwischen 2nd und 3rd Circle.
Jabal al-Amman

Al-Burgan Handicraft ■ c 5
Beduinentextilien.
2nd Circle

Bani Hamida House ■ d 5
Schöne Teppiche und Webwaren.
1st Circle

Beit al-Bawadi westlich ■ a 1
Betrieben vom Königin Alia Wohlfahrtsfond, Webwaren und Keramiken.
Zwischen Mecca Str. und Ash-Shahid Wasfi at-Tall Str.

Jordan River Designs ■ d 5
Selbsthilfeprojekt für stilvolles Kunsthandwerk, alte und neue Handarbeiten.
1st Circle, Abu Bakr as-Siddiq Street

Tonwaren und Keramik

Hazem Zubi Ceramics ■ a 2
Dekorative neue Vasen und Figuren.
Nahe dem Commodore Hotel

Silsal Ceramics ■ a 4/a 5
Neue Keramiken nach alten Formen.
Zwischen 4th und 5th Circle

Am Abend

Die *Jordan Times* veröffentlicht regelmäßig alle Konzert-, Theater- und sonstigen Veranstaltungen. Beliebt bei den Jüngeren sind die Kinos, zum Beispiel **Concord**, **Plaza**, **Rainbow** oder **Philadelphia**, hier laufen meist ausländische Produktionen mit arabischen Untertiteln.

Goethe Institut ■ b 4
3rd Circle, Jabal al-Amman
Tel. 06/4 64 19 93

Royal Cultural Centre ■ b 2
Theater, Kino, Ausstellungen, Konzerte unter einem Dach; jedes Jahr im Mai jordanisches Filmfestival.
Sport City, Shmeisani
Tel. 06/5 66 10 26

Talk of the Town ■ a 1
Seit Jahren die »In«-Disko Ammans für ein gehobenes Publikum.
Im Grand-Hyatt-Hotel, Shmeisani

Service

Auskunft

Jordan Tourism Board ■ b 5
P. O. Box 830 688, 11118 Amman
3rd Circle, Jabal al-Amman
Tel. 06/4 64 79 51, Fax 4 64 79 15
Homepage:
www.arabia.com/Jordan

Flughafen-Auskunft

Alia
Tel. 06/4 45 32 00

Leihwagen

Avis westlich ■ a 3
King Abdullah Gardens,
Nähe Jett-Busbahnhof
Tel. 06/5 69 94 20, Fax 5 69 94 30

AMMAN

Hertz ▪ a 1
Zentrale im Middle East Hotel
(Filiale: Grand-Hyatt-Hotel)
Shmeisani
Tel. 06/5 53 89 58, Fax 5 53 84 06

Hauptpostamt ▪ d 5

Postlagernde Sendungen können
hierher geschickt werden!
Prince Mohammed St.
Tgl. außer Fr 8–18 Uhr

Stadtbusse

Innerhalb der Stadt verkehren zwischen den Stadtvierteln städtische Buslinien, deren Fahrtziele an der Windschutzscheibe auszumachen sind. Zum Queen-Alia-Flughafen fährt zwischen 6.30 und 22 Uhr alle 30 Min. ein Bus ab Abdali (Preis: 500 fils) bzw. ein Shuttle-Bus der Royal Jordanien vom City Terminal (7th Circle, gegenüber dem Rama Hotel).

Taxis

Weiße Service-Taxis verkehren auf festen Routen innerhalb der Stadt bzw. fahren auch in andere Städte, Taxi Nr. 6 fährt zum Beispiel vom »Gold-Suk« nach Abdali und weiter zum Jabal al-Amman. Gelbe Taxis mit Taxameter entsprechen unseren Taxis, sind aber viel billiger.

Überlandbusse

Amman ist der zentrale Verkehrsknotenpunkt des Landes.

Jett-Busbahnhof ▪ c 3
Abfahrt der Busse in andere Städte Jordaniens bzw. ins benachbarte Ausland. Nur Sitzplätze, Reservierung erforderlich!
Jabal al-Hussein, King Hussein St.,
500 m hinter Abdali
Tel. 08/5 66 41 46/7

Regionale Minibusse in Richtung Norden und Westen ab Abdali, in Richtung Süden ab Middle East Circle. Keine Fahrpläne, Fahrroute an der Fensterscheibe, Abfahrt sobald alle Plätze verkauft sind.

Das Restaurant Kan Zaman serviert in einer alten Karawanserei.

Ziele in der Umgebung

Kan Zaman ■ B 3

Etwa 22 km südlich von Amman entfernt, in der Nähe des Queen-Alia-Flughafens, hat die Jordan Tourist Investment Company eine alte Karawanserei restauriert und zu einem unaufdringlichen Kunsthandwerksbazar umfunktioniert; in den Tonnengewölben der Stallungen befindet sich ein anspruchsvolles Restaurant. Im schönen Innenhof kann man im Sommer der Herstellung von Keramik und Silberwaren vor den einzelnen Läden beiwohnen.

Wadi as-Sir ■ B 3
800 Einwohner

24 km westlich von Amman liegt im immergrünen fruchtbaren Tal des Sir das gleichnamige Dorf Wadi as-Sir, in das im 19. Jh. viele Tscherkessen einwanderten. Bereits vor 2000 Jahren siedelten im Flußbett des Sir Menschen; dies belegen die Ruinen eines Aquädukts hinter dem Dorf. Immer entlang dem mäandrierenden Flußtal steht 5 km weiter im hinteren Talabschnitt des **Iraq al-Emir** der 40 m lange, eindrucksvolle zweistöckige Palast **Qasr al-Abd** mit guterhaltenen griechischen Architekturelementen. Erbaut hat die »Burg des Sklaven«, wie der Name der Festung in wörtlicher Übersetzung heißt, ein Sohn des Statthalters von Philadelphia im 2. Jh. mit Namen Hyrkamos, der sich mit seinem Vater überworfen und sein eigenes »Reich« im Wadi as-Sir gegründet hatte. Archäologisch bedeutend sind die Steinreliefs von Löwen und Leoparden, die den Palast schmücken.

Bereits während der Fahrt zwischen Wadi as-Sir und Qasr al-Abd beeindrucken mehrere Höhlen oberhalb der Straße, auf die der Name des Talabschnitts Iraq al-Emir (Höhlen der Fürsten) zurückgeht. Es handelt sich um Höhlen aramäischsprechender Bewohner aus vorchristlichen Jahrhunderten.

Löwenmutter und Kind bewachen die »Burg der Sklaven«.

Die Hafenstadt am Roten Meer
ist wegen ihrer Strände und ihrer eindrucksvollen Unterwasserwelt beliebtes Erholungszentrum und Badeziel.

Aqaba ■ A 6

70 000 Einwohner
Stadtplan → S. 63

Aqaba, die einzige jordanische Hafenstadt, liegt in einem Vierländereck: Bis zum israelischen Elat sind es nur sechs Kilometer, das ägyptische Taba liegt 20 Kilometer Luftlinie gegenüber an der Ostküste der Halbinsel Sinai, und bis zur saudischen Grenze, dem Zugang zur Arabischen Halbinsel, sind es 40 Kilometer.

Ein Ort an einer solch strategischen Kreuzung von Land- und Seerouten hat eine lange Geschichte. Hier, im antiken Aila, so erzählt die Bibel, ankerten vor 3000 Jahren die Schiffe König Salomons, hier endete vor 2000 Jahren die Via Nova der Römer, die Damaskus mit dem Roten Meer verband. Um 630 wurde die Stadt islamisch und erhielt ihren heutigen Namen: **Aqabat Aila** – der hinabführende Pfad nach Aila. Später erweiterten die Türken, die seit 1570 in Aqaba beinahe 400 Jahre lang eine Militärgarnison unterhielten, das Fort im Süden der Stadt. In den letzten Jahrzehnten waren es nicht nur der Export von Phosphat oder die schönen Strände am Roten Meer, die der Stadt zum wirtschaftlichen Aufschwung verhalfen, sondern Kriege: die Nahostkriege der Araber gegen Israel, die Golfkriege des Irak, insbesondere dann der letzte Krieg 1990/1991 gegen Kuwait.

Keine Stadt Jordaniens veränderte sich in den letzten 25 Jahren so rasant wie Aqaba, die Bevölkerung wuchs von 7000 auf 70 000 Einwohner, die Zahl der Frachtschiffe ist achtmal größer als 1970. Für den Aufschwung zur Hafen- und Industriestadt zahlt Aqaba einen hohen Preis. Die Umgehungsstraße Richtung Norden ist oftmals von Lastwagen verstopft, hier sind kilometerlange Lastwagenreparatur- und -ersatzteillager entstanden, und die etwa 3500 Frachtschiffe und Tanker, die pro Jahr den Hafen anlaufen, zerstören und beschädigen die Attraktionen Aqabas: die (noch) wunderschöne Unterwasserwelt mit ihren bunten Korallenbänken und tropischen Fischen. Noch ist es nicht zu spät, und die Königliche Gesellschaft der Naturschützer bemüht sich um die notwendige Vermittlung zwischen Ökonomie und Ökologie. Der neuangelegte Park entlang des östlichen Ufers und gepflegte Grünanlagen tragen zum Erholungswert der Stadt bei.

Hotels/andere Unterkünfte

Wie in jedem Badeort muß man sich entscheiden, ob man teuer am Strand oder in den ca. 25 Hotels der unteren Preisklasse in der Innenstadt wohnen will. Die fünf Strandhotels liegen am »Nordstrand«.

Al-Abasi ■ b 2
Einfache Pension.
Im Zentrum, Richtung Hafen
P. O. Box 158
Tel. 03/2 01 34 03
18 Zimmer
Untere Preisklasse

Al-Cazar ■ b 1
Haus mit arabischem Flair, in der zweiten Reihe, mit eigener Tauchschule und eigenem Beachclub.
Al-Corniche St.
Tel. 03/2 01 41 31, Fax 2 01 41 33
132 Zimmer
Mittlere Preisklasse

Aqaba Beach Hotel ■ a 1
→ MERIAN-Tip S. 31

Aqaba Gulf Hotel ■ b 1
Fünfstöckiger Zweckbau, zurückgesetzt, herrlicher Blick auf Elat.
Al-Corniche St.
Tel. 03/2 01 66 36, Fax 2 01 82 46
192 Zimmer
Obere Preisklasse

Aquamarina I ■ a 1
Clubhotel mit großem Sportangebot und weit ins Meer ragender Terrasse, direkt am Strand.
Al-Corniche St.
Tel. 03/2 01 62 50, Fax 2 01 42 71
64 Zimmer
Obere Preisklasse

Aquamarina II ■ b 1
Sechsstöckiges Stadthotel, 3 Min. zum Strand; Dependance des Aquamarina I.
Al-Corniche St.
Tel. 03/2 01 51 65, Fax 2 01 42 71
104 Zimmer
Obere Preisklasse

Ash-Shula ■ b 2
Vierstöckiges Hotel im Zentrum mit Blick auf Elat.
Oberhalb des Parks
Raghadan St.
Tel. 03/2 01 51 53, Fax 2 01 51 60
68 Zimmer
Mittlere Preisklasse

Coral Beach ■ a 1
Zweistöckiges Hotel am schönsten Strandabschnitt, weiträumige Gartenanlage, letztes Hotel Richtung Israel.
Al-Corniche St.
Tel. 03/2 01 35 21, Fax 2 01 36 14
99 Zimmer
Mittlere Preisklasse

Radisson SAS Aqaba ■ a 1
Erstes Luxushotel am Platz, siebenstöckiger Neubau und dreistöckiger Altbau, ideal zu schönem Strandhotel kombiniert.
Al-Corniche St.
Tel. 03/2 01 24 26, Fax 2 01 34 26
288 Zimmer
Obere Preisklasse

Miramar ■ b 1
Sporthotel neben dem Aqaba Gulf.
Al Corniche St.
Tel. 03/2 01 43 40, Fax 2 01 43 39
140 Zimmer
Mittlere Preisklasse

Mövenpick Resort Aqaba ■ b 2
Neuestes und größtes Strandhotel der Stadt mit Blick auf das antike Aila und die Bucht.

Nicht nur ein Paradies für Wassersportler: Müßiggang am Strand von Aqaba.

Al-Corniche St.
Tel. 06/4 65 53 45, Fax 4 65 53 63
(Information über Zentrale Mövenpick Amman)
Obere Preisklasse

Nairoukh ■ b 2
Mittelgroßes Haus in der Innenstadt.
Hinter dem Rathaus
Tel. 03/2 01 92 84, Fax 2 01 92 85
40 Zimmer
Untere Preisklasse

Petra International ■ C 2
Neubau in der Innenstadt; Strandbenutzung im Aquamarina I, geräumige Zimmer
Prince Mohammed St.
Tel. 03/2 01 62 55, Fax 2 01 57 89
48 Zimmer
Mittlere Preisklasse

Red Sea ■ b 2
Kleines Hotel im Zentrum.
P. O. Box 65
Hinter dem Rathaus
Tel. 03/2 01 21 56
22 Zimmer
Untere Preisklasse

Zahrat al-Urdun ■ b 2
Einfaches Haus in der Innenstadt.
P. O. Box 113
King Hussein St.
Tel. 03/2 01 43 77
20 Zimmer
Untere Preisklasse

Sehenswertes

Aus der fast 5000jährigen Geschichte des strategisch bedeutsamen Ortes ist relativ wenig erhalten geblieben.

Fort Aqaba ■ b 3
Zwischen Strand und Küstenstraße erhebt sich 200 m vor dem Palm Beach Hotel eine mächtige Festung. Erbaut um 1515 vom Mamelucken-Sultan Qansawh el-Ghawri, schützte die viereckige Anlage seit 1574 unter türkischer Herrschaft 400 Jahre lang die Bucht von Aqaba. Zum letzten Mal stand sie im Mittelpunkt historischer Ereignisse, als eine arabische

Überstand den Ersten Weltkrieg nur mit schweren Schäden. Heute ist das Fort Aqaba teilweise restauriert.

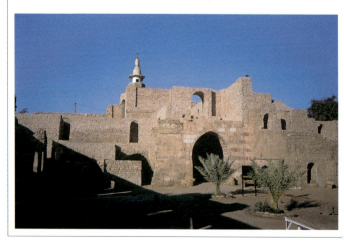

AQABA

Kameltruppe unter der Führung des Briten T. E. Lawrence den Ort vom Land – nicht wie erwartet vom Meer her – am 19. Juni 1917 angriff und eroberte. Die Festung, die eine Zeitlang auch als Karawanserei (»Kan«) diente, ist teilweise restauriert.
Tgl. 8–18 Uhr
Eintritt frei

Stadtanlage ■ b 1

Zwischen der Küste und dem Aqaba Gulf Hotel werden zur Zeit die Ruinen des türkischen Aqaba (Teile der Stadtmauer, kleine Tore, Häuser) freigelegt. Unweit davon finden sich auch Reste der frühislamischen Stadt Aila aus der Zeit der omaijadischen und abassidischen Kalifen. Das 2 km große Ausgrabungsareal ist nicht gesichert und frei zugänglich. Ausgrabungen haben dort 1994 Spuren einer Römersiedlung ans Tageslicht gebracht.

Daß in Aqaba zur Zeit des römischen Imperiums Militär stationiert war, um die Karawanen aus Syrien und den südarabischen Weihrauchländern nach Ägypten zu sichern, belegen die bei den Ausgrabungen gefundenen Gegenstände, die heute im Archäologischen Museum ausgestellt werden. Nach Spuren der Kreuzritter sucht man in der Stadtanlage vergebens: Sie bevorzugten die gegenüberliegende »Ile de Graye« (heute Pharaoneninsel → S. 68).

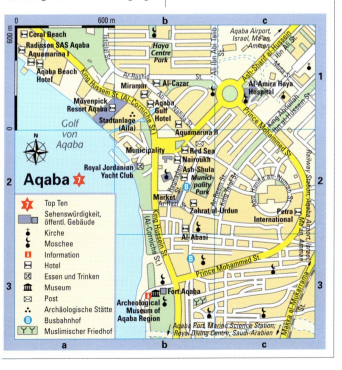

Museen

**Archaeological Museum
of Aqaba Region** ■ b 3
Im Haus des Sharifen Hussein Ibn
Ali, auf der Rückseite des Forts, sind
außer einer Touristeninformation
auch zwei kleine Museumsräume
eingerichtet, mit Funden und Ausgrabungsstücken aus Aqaba
und Umgebung.
Neben der Festung am Strand
Tgl. außer Di 8–13 und 15–17 Uhr
Eintritt 1 JD

**Marine Science Station
(»Aquarium«)** südlich ■ b 3
Dokumentationszentrum der jordanischen Meeresforschung; achteckiger Flachbau mit Glasvitrinen und
Dutzenden von Aquarien, in denen
ausschließlich Fauna und Flora des
Roten Meeres ausgestellt werden.
9 km südlich der Stadt hinter dem
Hafen an der Küste
Tgl. außer Mo 8–16.30 Uhr
Eintritt 1 JD

Essen und Trinken

Die Restaurants der Strandhotels
sind auf ihre Gruppenreisenden eingestellt (→ S. 60).

Ali Baba ■ b 2
In der Hafenstadt Aqaba bekommt
man nur selten fangfrischen Fisch.
Das Ali Baba, ein lebhaftes Straßenrestaurant, ist eines der wenigen
Lokale, die ihn regelmäßig und gut
zubereitet anbieten.
Hamamat, Tunesia St.
Tel. 2 01 39 01
Mittlere Preisklasse

Ash-Sham ■ b 2
Arabische Küche mit Blick aufs
Meer.
Al-Corniche St., neben dem
Ash-Shula-Hotel
Tel. 2 01 47 88
Mittlere Preisklasse

*Auch Aqaba hat ein kleines
»Heimatkundemuseum«.*

AQABA

Captan's ■ b 1
Kleines Terrassenrestaurant; arabische und internationale Speisen.
Al-Corniche St., neben dem Aquamarina-II-Hotel
Tel. 2 01 62 05
Untere Preisklasse

Mina House ■ b 3
Untergebracht in einem alten ausgedienten Schiff mit schönem Blick auf den Nordstrand und nach Elat. Hinter der Festung am Südstrand.
Strandpromenade
Tgl. 19–24 Uhr
Tel. 2 01 26 99
Obere Preisklasse

Petra International ■ c 2
Dachrestaurant des gleichnamigen Hotels in der Innenstadt (→ S. 62), Ausblick und Qualität der Küche sind gleichermaßen herausragend.
Prince Mohammed St.
Tel. 2 01 62 55
Obere Preisklasse

Royal Jordanien Yacht Club ■ b 2
Gepflegtes Restaurant, auch für Nicht-Mitglieder, sehr schöne Terrasse, sehr guter Service.
Tel. 2 02 24 04
Obere Preisklasse

Strandcafés ■ b 2/b 3
Am Strandabschnitt zwischen dem Royal Jordanien Yacht Club und dem Fort Aqaba haben sich direkt am Strand nebeneinander mehrere arabische Cafés niedergelassen. Einfache Gerichte, sehr guter Tee, kühle Biere, herrlicher Blick über die Bucht nach Elat. Hier ankern auch die »glassbottom«-Boote.
Untere Preisklasse

Einkaufen
Östlich des Hotels Aquamarina II befindet sich die »Innenstadt« Aqabas mit Läden und Souvenirshops.

Antiquitäten

Naif Stores ■ b 2
Beduinische Gebrauchskunst, Schmuck, Teppiche.
Zentrum, Nähe Markt

Redwan Book Shop
Bester Buchladen in Preis und Auswahl, gut sortiert, viele deutschsprachige Publikationen.
Gegenüber der Post
Al-Yarmouk St.

The Bedwen House
Altes Silber, Teppiche, »Sand-Kunst«.
Gegenüber Hotel Crystal

Am Abend

Ausgehen heißt in Aqaba Restaurantbesuch, Stadtspaziergang oder Strandbummel am Südstrand. Für ihre jüngeren Hotelgäste bieten die Strandhotels am Nordstrand ab 22 Uhr Diskotheken-Unterhaltung.

Da ist das Angebot im gegenüberliegenden israelischen Elat schon vielfältiger; Achtung: Die Grenze öffnet erst wieder am nächsten Morgen.

Gahwa Al Ferdos ■ b 2
Das Alternativangebot zu Elat in Aqaba: Wasserpfeife (»Schischa«) rauchen in einem Café mitten unter Arabern, je nach Tabakqualität 0,5–1 JD.
Innenstadt, hinter dem Red Sea Hotel

Service

Auskunft

Visitor's Centre ■ b 2
Wortreiche Auskünfte, wenig Info-Material.
Am Strand hinter der Festung
Tel. 03/2 01 37 31

Deutsches Konsulat ■ a 1
Honorarkonsul Abdulaziz Kabarity
Coral Beach Hotel
Am Nordstrand
Tel. 03/2 01 35 21

Grenzübergang Elat-Aqaba ■ A 6

Arava, 6 km nördlich von Aqaba Richtung Flughafen, erfolgt in Containern.
Öffnungszeiten: So–Do 8–20,
Fr und Sa 8–18 Uhr
Ausreisegebühr 4 JD

Reiten

Royal Horse Riding Club ■ a 1
Ungepflegte Stallungen, kopfscheue Pferde; aber es soll besser werden!
Neben dem Hotel Coral Beach
Tel. 03/2 01 81 00

Strände ■ A 6

Die schönsten, breitesten und menschenleersten Strände der jordanischen Küste am Roten Meer liegen hinter dem Industriehafen zwischen dem Aquarium des Marine Science Centre und der Grenze nach Saudi-Arabien. Die Straße läuft hier parallel entlang der Buchten dieses 15 km langen Küstenabschnitts. Palmen sucht man vergebens, aber dafür gibt es viele strohgedeckte Schattenspender. Allerdings ist an mehreren Stellen das Baden verboten. Tauchschulen erreichen diese Strände per Boot vom Nordstrand aus. Hier, 15 km südlich von Aqaba, liegt auch das **Royal Diving Centre** (→ S. 34).

Telefonieren ■ b 2

Kartentelefone befinden sich direkt vor der Post (Telefonkarten im gegenüberliegenden Kiosk), Handvermittlung: Universal, neben der Post.
Tgl. 8–24 Uhr
1 Min. nach Europa: 1,5 JD

Verkehrsverbindungen ■ b 2

Viermal täglich Jett-Busverbindungen ins 330 km entfernte Amman; Abfahrt in Aqaba: Jett-Station (Tel. 2 01 52 22), neben dem Mövenpick Resort Aqaba; Fahrzeit: 4 Stunden; erster Bus um 7 Uhr. Die Fluggesellschaft Royal Wings fliegt mehrmals tgl. nach Amman (Flugzeit 1 Std.). Der Flughafen liegt 15 km nördlich des Zentrums; Taxi-Fahrpreis Flughafen-Zentrum 5 JD.

Fähre nach Nuweiba (auf der ägyptischen Halbinsel Sinai) tgl. zweimal; Ablegestelle und Ausreiseformalitäten 6 km südlich hinter dem Industriehafen, Tel. 2 01 32 40; Fahrzeit 4 Std.; Fahrpreis 12 JD.

Zur saudischen Grenze, 28 km südlich von Aqaba (Grenzübergang Haql), besteht keine Busverbindung.

Leihwagen

Hertz ■ b 1
Gegenüber Hotel Aquamarina II; perfekter Service, neue Autos.
Tel. 03/2 01 61 25

Taxi

Taxi-Zentrale ■ b 2
Buchung und Information bei Tagestouren
Zentrum neben Gahwa Al Ferdos
Tel. 03/2 01 35 56

Ziele in der Umgebung

Elat (Israel) ■ A 6

50 000 Einwohner

Seit Sommer 1994 ist es nach fast 50 Jahren wieder möglich, die Grenze zwischen Aqaba und Elat zu überqueren (Grenzübergang: Arava Checkpoint, So–Do 8–24, Fr und Sa 8–20 Uhr).

Für den Israel-Besuch benötigen Deutsche, Österreicher und Schweizer kein Visum, für die Wiedereinreise nach Jordanien → S. 13, Ausreisegebühren aus Jordanien 4 JD, die Ausreisegebühr aus Israel bei der Wiedereinreise 18 US$.

Elat hat als Badeort einen großen Vorsprung: Seit mehr als 30 Jahren boomt hier der Badebetrieb. Hauptattraktion ist das Unterwasser-Observatorium »Coral World«, das 50 m vor der Küste liegt und nur über einen schmalen Steg zu erreichen ist (tgl. 8.30–16.30, Fr nur bis 14 Uhr).

Katharinenkloster (Ägypten) südwestlich ■ A 6

Nach der Aufwertung des Christentums zur Staatsreligion des Römischen Reiches durch Konstantin den Großen im Jahre 313 ließ seine Mutter Helena um 330 im Sinai eine kleine Kirche für die dort lebenden Christen an der Stelle errichten, an der Moses das Wunder des brennenden Dornbusches widerfuhr.

Das Kloster ist wegen seines Alters und seiner Abgeschiedenheit mitten im Sinai eines der bedeutendsten der Christenheit. Besonders sehenswert ist die Ikonengalerie mit Sammlerstücken aus dem 6. Jh. Ebenso interessant ist die Bibliothek mit Schriften aus dem 4. Jh. Zur Zeit leben im Kloster 21 Mönche.

Der **Berg Moses** liegt oberhalb des Katharinenklosters und ist auf zwei Wegen erreichbar: Der direkte Weg führt über 3750 Stufen, der andere Weg ist ein ausgetretener Pfad, auf dem man sich auch von Eseln oder Kamelen hinauftragen lassen kann.

Spektakuläre Aussicht vom Berg Moses.

Wenn Sie Zeit haben, besichtigen Sie tagsüber das Kloster (tgl. außer Sa 10–13 Uhr) und übernachten in dessen Gästehaus. Dann können Sie morgens um 2 Uhr auf den Berg Moses steigen (Aufstieg etwa 2,5 Stunden) und von dort oben den aufregendsten Sonnenaufgang über dem Roten Meer und der Halbinsel Sinai erleben.

Anreise per Schiff von Aqaba über Nuweiba oder per Auto über Elat und Taba

Negev (Israel) ■ A 4

Die Wüste **Negev** (die Trockene, das trockene Land) ist die südlichste Region Israels. Gewaltige Gebirgszüge mit hohen Erhebungen bis über 1000 m, Schluchten mit Kratern, Plateaus, Wadis, herrliche Sanddünen und Oasen bestimmen das Bild. Durch den Negev führt die Nationalstraße 40. Diese Wüste gehört zu jenen Gebieten, die 1947 von den Vereinten Nationen für einen jüdischen Staat bestimmt waren, obwohl seine Bewohner damals keine Juden, sondern fast ausschließlich nomadisierende Beduinen waren. Dank einer Wasser-Pipeline vom See Genezareth begann die landwirtschaftliche Nutzung, und schnell stieg die Zahl der Bewohner. »Hauptstadt« des Negev ist **Beersheva**, in biblischen Zeiten bekannt durch Abraham und sein Bündnis mit Abimelech. Heute lockt jeden Donnerstag der Beduinenmarkt von Beersheva mit seiner orientalisch-fremdländischen Atmosphäre. Schon vor 3000 Jahren siedelten Menschen im Negev, zum Beispiel in **Avdat**, einer Ruinenstadt 65 km südlich von Beersheva. Hier stehen noch Ruinen von antiken Tempeln, Kirchen, Villen und Badehäusern. Eine historische Siedlung ist auch das unweit von Avdat gelegene **Shivta**, eine alte Nabatäerstadt aus dem 5. und 6. Jh., von der Ruinen, antike Pflasterstraßen, Häuser, Säulengänge und drei Kirchen erhalten sind.

Anreise in den Negev über Elat, hier Anmietung eines Leihwagens

Pharaoneninsel (Ägypten) ■ A 6

Die Strandhotels von Aqaba organisieren Tagesausflüge mit dem Schiff zur Insel Jezirat Faraun (Fahrzeit etwa 1 Stunde). Auf dieser 200 m vom Festland entfernt gelegenen, 300 m langen und 150 m breiten »Pharaoneninsel« errichteten die Kreuzfahrer unter Balduin I. 1116 eine Festung, um die Handelswege zwischen Arabien und der Halbinsel Sinai kontrollieren zu können. Von der Festung aus unternahmen die Kreuzritter auch Beutezüge in den arabischen Raum, später fiel sie an die islamischen Mamelucken. Die Ruine befindet sich im nördlichen Teil der Insel; an mehreren Buchten gibt es schöne Bade- und Schnorchelmöglichkeiten. Preis (inkl. ägyptischem Visum und Mittagessen): 24 JD. Information: Hotel Aquamarina I.

Taba (Ägypten) ■ A 6
800 Einwohner

Der kleine ägyptische Ort direkt hinter der israelischen Grenze verfügt über schöne Strände und ein geschichtsträchtiges Luxushotel, in dem viele Vereinbarungen zwischen Israel und seinen Nachbarn unterzeichnet wurden.

Die Ursprünge des Katharinenklosters gehen bis ins 4. Jh. n. Chr. zurück.

JERASH

Aus Gerasa wurde Jerash, damals eine der prächtigsten Städte der römischen Ostprovinzen, heute die besterhaltene Ruinenstadt im Nahen Osten.

Jerash ■ B 2

20 000 Einwohner
Stadtplan → S. 73

Die Griechen unter Alexander dem Großen gründeten die Stadt, die Nabatäer bauten sie zur Sicherung ihres Karawanenweges nach Damaskus aus, die Römer entwickelten sie zum kulturellen Zentrum, und die Bischöfe des christlichen Byzanz überboten sich im Bau prächtiger Kirchen. Dann hörte die Bautätigkeit im 7. Jahrhundert mit dem Einzug der moslemischen Truppen auf, und das schwere Erdbeben im Jahre 747 zerstörte und entvölkerte Gerasa. Mehr als 1000 Jahre gerieten die Ruinen in Vergessenheit, bis sie 1806 von dem deutschen Archäologen Ulrich Jasper Seetzen wiederentdeckt und ab 1812 von J. L. Burckhardt, dem Petra-»Entdecker«, durch Skizzen und Beschreibungen der europäischen Öffentlichkeit in Erinnerung gerufen wurden. Gerasa gehörte der Dekapolis an, einem Städtebund im Osten des Römischen Reiches, der damals verwaltungspolitisch zur Provinz Syrien gehörte, aber den Städten selbst relative Autonomie sicherte. Nicht militärische Macht oder Territorialbesitz, sondern der gesicherte Transfer begehrter seltener Güter entlang der Handelsrouten im Nahen Osten mehrte den Reichtum der Dekapolis. Rom hob unter Kaiser Hadrian die Selbständigkeit der Dekapolis auf.

Heute lassen sich Tausende von Besuchern in die bewegte Geschichte des alten Gerasa zurückversetzen. Und in den warmen Julinächten füllt sich sogar das antike Amphitheater wieder, allerdings nicht mehr wie vor 2000 Jahren für Gladiatorenkämpfe, sondern für die Darbietungen des »Jerash Festivals«, der bedeutendsten Kulturwochen Jordaniens.

Das Tal des **Wadi Jerash** teilt heute wie damals die Stadt. In ihrer Blütezeit war die Provinzstadt Gerasa von einer Mauer umgeben, und zwei Brücken über das Flüßchen Jerash verbanden den Ost- mit dem Westteil. Für den Besucher ist heute nur der Westteil von touristischem Interesse, denn der Ostteil des antiken Gerasa liegt unter den Gebäuden der arabischen Stadt Jerash.

Insgesamt 13 Säulen umstanden einst den Artemistempel.

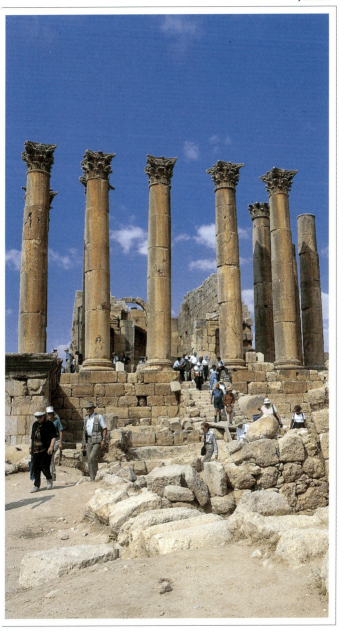

Spaziergang

Der Besuchereingang zur antiken Stadtanlage ist heute das **Südtor**, dahinter liegen zur Linken der **Zeustempel**, das **Südtheater** und das **Forum**. Am Forum betritt man den 600 m langen **Cardo Maximus**, der am Nordtor endet. Zur Linken liegt die **Agora**, und nach etwa 200 m erreicht man den **Südtetrapylon**. Hier kann man nach links einbiegen, um zu den Ruinen zahlreicher Kirchen zu gelangen. Hinter den Kirchen, unter denen die **Kathedrale** besonders herausragt, liegt der **Artemistempel**. Zwischen Kathedrale und Artemistempel führt ein Weg gen Osten zurück zum Cardo, der am **Nymphäum** auf diesen stößt. Folgt man jetzt wieder dem Cardo Richtung Norden, trifft man auf den wenig erhaltenen **Nordtetrapylon**. Von der Kreuzung führt ein Weg nach links zum **Nordtheater**. Um zum Südtor zurückzugelangen, kann man vom Nordtheater einen Weg 200 m westlich des Cardo hinter den Ruinen nehmen oder zurückkehren zum Cardo und diesen gemächlich in seiner ganzen Länge durchschreiten. Hinter dem Südtor, also jenseits der Stadtmauer und dem Visitor's Centre, liegen das **Hippodrom** und dahinter der **Triumphbogen des Hadrian**.

Für die Besichtigung von Jerash muß man mindestens fünf bis sechs Stunden einplanen; ein ganzer Tag wäre besser. Von April bis Oktober wird im Südtheater in englischer Sprache eine Sound and Light Show (Thema: Historisches über Gerasa) gezeigt.
Tgl. 7.30–19 Uhr,
Nov.–Feb. 7.30–20.30 Uhr
Eintritt 5 JD, Archäologisches Museum in den Ruinen, Eintritt frei

Sehenswertes

Agora ■ b 3
Direkt am Cardo Maximus lag der überdachte Markt- und Versammlungsplatz, die Front bildeten mächtige Säulen, hinter denen sich ein quadratischer Innenhof von 50 m Seitenlänge anschloß.

Das Nymphäum überragte ursprünglich alle anderen Gebäude der Stadt.

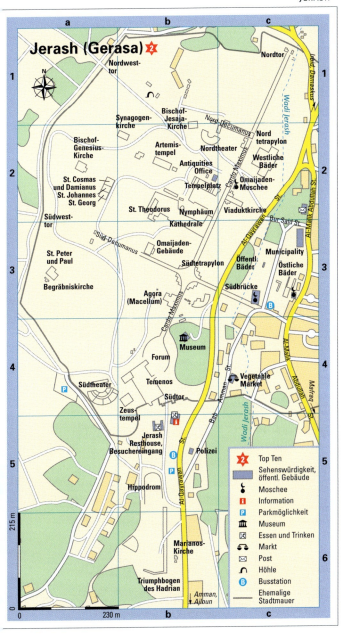

JERASH

Die gepflasterte Kolonnadenstraße, der Cardo Maximus, wurde gesäumt von 260 korinthischen Säulen und dahinterliegenden Prachtgebäuden.

Artemistempel ■ b 2

Den Tempel der Göttin Artemis erreicht man über eine breite Treppe. Er liegt in einem 160 m langen und 120 m breiten heiligen Bezirk und war von 13 m hohen korinthischen Säulen umrahmt, von denen sich noch immer ein Dutzend am ursprünglichen Ort befinden. Der Artemistempel wurde um 150 n. Chr. erbaut, 1121 kämpften von hier aus Muslime gegen Kreuzritter um die Macht in der Stadt.

Cardo Maximus ■ b 4/c 1

Die schnurgerade, 700 m lange zentrale Prachtstraße beginnt am Forum und steigt zur Stadtmitte hin langsam an. Insgesamt 260 Säulen, manche vollständig erhalten, andere bis auf den Sockel abgetragen, stehen rechts und links der gepflasterten Straße, unter der noch die alten Abwasserkanäle verlaufen. An manchen Stellen kann man noch die Rillen erkennen, die die Räder der Pferdegespanne im Laufe der Jahrhunderte eingruben. Im alten Gerasa befanden sich zu beiden Seiten des Cardo Geschäfte und Läden, die die Stadt berühmt machten.

Forum ■ b 4

Das Forum von Gerasa zählt zu den eindrucksvollsten Plätzen im Römischen Reich. Sein über 80 m breites Oval ist von 56 ionischen, zum Teil rekonstruierten Säulen umrahmt. Für das Fundament des strahlenförmig gepflasterten Platzes entwarfen die Architekten einen bis zu 7 m hohen Unterbau, der das unebene Gelände ausglich. Ob das zwischen 50 und 80 n. Chr. gestaltete Forum als zentraler Handelsplatz der Stadt – so die Vermutung von J. L. Burckhardt – diente oder – so die neuesten Theorien – als Opferplatz im Vorfeld des Zeustempels, ist noch ungeklärt.

Hippodrom ■ b 5

Wie die römischen Pferdebahnen ausgesehen haben und welch spannende Kämpfe sich die Gespanne in diesen Ovalen liefern konnten, wissen viele aus dem Hollywood-

Der Triumphbogen Hadrians ist noch gut erhalten und bietet mit seiner heute noch 12 m Höhe einen imposanten Anblick.

JERASH

Epos »Ben Hur«. Derartige Vorstellungen muß man mitbringen, wenn man das vor der Stadt liegende Hippodrom betritt. Denn von der antiken Rennbahn, die im 1. Jh. n. Chr. 15 000 Menschen Platz bot, ist nur sehr wenig erhalten.

Kirchen ■ a 3/b 1

Folgt man vom Südtetrapylon dem Süd-Decumanus Richtung Westen, erreicht man nach einer 90°-Kurve Richtung Norden ein Gelände, in dem die Ruinen mehrerer christlicher Kirchen liegen; bisher wurden 15 entdeckt. Die drei Kirchen **St. Georg**, **St. Johannes** und **St. Cosmas** und **Damianus** bilden durch gemeinsame Seitenmauern eine Einheit. Unter dem byzantinischen Bischof Paulus wurden sie gemeinsam zwischen 529 und 533 errichtet. 375 wurde über einem Dionysos-Tempel eine **Kathedrale** im Stile einer dreischiffigen Basilika errichtet. Die **St. Theodoruskirche**, die gegen Ende des 5. Jh. entstand, ist wegen ihrer mächtigen korinthischen Säulen und des davor gelegenen Atriums auch als Ruine noch eindrucksvoll.

Nordtetrapylon ■ c 2

An der zweiten Kreuzung des Cardo nach Norden steht der Nordtetrapylon, der gegen Ende des 2. Jh. von Kaiser Septimius Severus erbaut wurde.

Nordtheater ■ b 2

Folgt man am Nordtetrapylon dem Nord-Decumanus Richtung Westen, erreicht man das zweite, etwas höher gelegene Theater innerhalb der antiken Stadt. In seinen 14 Sitzreihen hatten knapp 2000 Zuschauer Platz. Seit dem 6. Jh. verfiel es, erst 1982 begannen umfassende Grabungen, die 1989 zu einer neuen Deutung seiner ursprünglichen Funktion führten: Der 165 vollendete Bau diente anfangs den stimmberechtigten Männern als Versammlungsort.

Vom Südtheater aus hat man einen besonders guten Blick auf die Ruinen.

Nymphäum ▪ b 2

An der Nordostecke der Kathedrale steht die schönste Brunnenanlage der Stadt, das Nymphäum. Die zweigeschossige Fassade überragt noch heute mit 22 m die meisten Gebäude der Umgebung. Die Kapitelle der Säulen und die feinen Dekorationen entlang der Mauersimse lassen ahnen, welche Pracht im zweiten nachchristlichen Jahrhundert das Stadtbild prägte.

Südtetrapylon ▪ b 3

Die Römer bezeichneten die von Nord nach Süd verlaufenden Hauptstraßen als Cardo, die von Ost nach West, als Decumanus. Dort, wo sich in Gerasa der Cardo zum ersten Mal mit einem Decumanus kreuzt, d. h. rund 150 m hinter dem Forum, steht mitten auf der Kreuzung seit ca. 115 n. Chr. ein Tetrapylon (ein Tempelportal, dessen Durchgang nach allen vier Seiten offen war). Von diesem Tetrapylon ist keiner der vier Stützbogen erhalten, sehr eindrucksvoll sind aber die Grundsockel.

Südtheater ▪ a 4

Wenn alljährlich im Juli Musikgruppen und Sänger auf der Bühne gastieren, sind die Zuhörer von der einmalig schönen Akustik dieses Freilufttheaters beeindruckt; sie zog bereits vor 2000 Jahren die Zuhörer in ihren Bann. Neben dem Tempel der Artemis ist dieses Theater das herausragende und am besten erhaltene Bauwerk Gerasas. Die natürliche Hanglage im Westen wurde für die 29 Bankreihen genutzt, auf denen 5000 Zuschauer Platz hatten. Die Rückseite der Bühne wird gen Norden von einer Giebelwand abgeschlossen. Gerasa verdankt dieses Theater reichen Mäzenen: Zwei Inschriften bezeugen deren Schenkungen zwischen 81 und 96 n. Chr.

Südtor ▪ b 4

Das südliche Tor der Stadt, durch das die Besucher aus Philadelphia das antike Gerasa betraten, gleicht mehr einem Triumphbogen als einem Stadttor. Korinthische Halbsäulen zu beiden Seiten des Eingangs, Nischen über den kleineren Seitentoren für Statuen, Pavillons hinter den Toren. Viele kleine Details belegen das hohe handwerkliche Können der römischen Baumeister, die dieses Tor im 1. Jh. n. Chr. errichteten.

Triumphbogen des Hadrian ▪ b 6

Südlich des Hippodroms steht ein unübersehbarer Triumphbogen, der anläßlich des Besuchs des römischen Kaisers Hadrian 129 vor den Toren Gerasas errichtet wurde. Erhalten sind der 25 m hohe Hauptbogen und die beiden Nebentore. Das Bauwerk liegt außerhalb der Ruinenanlage, weit südlich der Parkplätze und des Eingangs am Jerash Resthouse.

Zeustempel ▪ b 4

Westlich des Südtors wurde dieser Tempel über einem älteren Heiligtum errichtet, dessen hellenistische Elemente sich in dem römischen Bauwerk wiederfinden – daher der griechische Name. Vollendet wurde der Zeustempel ca. Mitte des 2. Jh. Die 80 m breite Plattform vor dem Tempel ist von Gewölben untermauert. Dieser heilige Bezirk wird auch Temenos genannt. Der Tempel selbst stand inmitten 40 korinthischer Säulen, von denen z. Zt. nur drei stehen. Die Restaurierungsarbeiten begannen 1988, kommen aber nur langsam voran.

Ziele in der Umgebung

Ajloun ■ B 2

Mit dem Auto benötigt man 20 Minuten, um von Jerash ins westlich gelegene, 1200 m hohe Hügelland zu fahren. Hier steht die Festung **Qala'at ar-Rabad** am Rande der Kleinstadt Ajloun, eine der wenigen Burgen im Nahen Osten, die nicht von den Kreuzfahrern, sondern von ihren arabischen Gegnern errichtet wurde. Emir Izz ed Din Usama ließ die Festung 1184 auf einem von allen Seiten zugänglichen Hügel erbauen, sicherte sie aber durch einen in den Fels geschlagenen Burggraben, der allerdings nie mit Wasser gefüllt war. 1187 gewann Sultan Saladin, sein Neffe, die entscheidende Schlacht von Hittin (heute Israel) gegen die Kreuzfahrer; danach begann ihr Niedergang im Heiligen Land. Deshalb verlor die Festung Qala'at ar-Rabad schon nach kurzer Zeit an Bedeutung. Nicht Kriege, sondern ein Erdbeben im Jahre 1837 verursachte die erheblichen Zerstörungen, die wir heute in der beeindruckenden Anlage vorfinden. Von der Burg hat man einen weiten Blick über die Region.
Anreise: von Jerash mit dem Service-Taxi nach Ajloun (Ankunft: zentraler Verteilerkreis), von hier 40 Min. Aufstieg zur 3 km entfernten Burg bzw. auf geteerter Straße bis zum Eingang der Festung
Tgl. 9–17 Uhr, Eintritt frei

Irbid ■ B 2

280 000 Einwohner

Irbid ist eine moderne Großstadt ohne erwähnenswerte antike Bauwerke, obwohl sie bereits in biblischen Zeiten bewohnt war; mit 280 000 Einwohnern ist sie heute die drittgrößte Stadt Jordaniens. Intellektuelles Zentrum der Stadt ist die Yarmouk-Universität, deren Archäologisches Institut seit 1990 ein »Museum of Archaeology and Anthropology« unterhält, Sa–Do 10–16 Uhr, Tel. 02/7 27 11 00.

Qala'at ar-Rabad: eine der wenigen Burgen arabischer Bauherren.

JERASH

Pella ■ B 2
900 Einwohner

Von Ajloun führt eine einfache Landstraße über Anjarah und Kufranjah ins 12 km entfernte Pella (Entfernung von Amman: 90 km, von Irbid: 35 km). Die am Ostrand des wasserreichen Jordantals ausgegrabene Ruinenstadt gehörte zum Städtebund Dekapolis, war aber wegen ihrer wichtigen Wasserquelle schon etwa 4000 Jahre vorher besiedelt. In der byzantinischen Epoche lebten in Pella bis zu 25 000 Einwohner, und die Wohnbezirke der Stadt dehnten sich weit über die umliegenden Hänge aus. In dieser Zeit wurden mehrere Kirchen gebaut, von deren Größe zum Beispiel die Säulen der Basilika im Tal einen anschaulichen Eindruck vermitteln.
Anreise: per Bus von Amman oder Irbid bis Tell ash-Shuna im Jordantal, von hier per Service-Taxi nach Tabaqat Fahil – so der heutige arabische Name der Ruinenanlage Pella

Umm al-Jimal ■ C 2
600 Einwohner

Im Osten von Jerash am Rande einer Basalthochebene nahe der syrischen Grenze liegt diese besondere Ruinenstadt, deren Bauwerke fast ausnahmslos aus schwarzem Basalt bestehen. Umm al-Jimal – übersetzt »Mutter des Kamels« – war eine Handelsstation der Nabatäer. Neueste Ausgrabungen belegen, daß die Stadt bis ins 8. Jh. bewohnt war. Die bis zu drei Stockwerke hohen schwarzen Ruinen dehnen sich auf einer Fläche von einem halben Quadratkilometer aus.

Die Stadt, in der im 4. Jh. über 5000 Menschen lebten, besaß keine eigene Wasserstelle, sondern versorgte ihre Einwohner mit Wasser aus Zisternen und lenkte dies über Aquädukte in die Stadt. In Umm al-Jimal gab es in byzantinischer Zeit viele Kirchen, die aber alle Opfer eines Erdbebens im 8. Jh. wurden. Erhalten ist heute nur ein

Ruinen und Ausgrabungsfunde des griechischen Gadara.

altes Kloster aus dem 7. Jh. mit einem Basaltturm.

Amerikanische Archäologen haben 1993 nach systematischen Ausgrabungen im Süden der Anlage Grundmauern von römischen Häusern und Befestigungswälle eines Militärlagers freigelegt.

Anreise: von Amman mit dem Bus über Zarqa nach Mafraq und von dort mit einem Service-Taxi ins 19 km entfernte Umm al-Jimal oder von Jerash mit dem Bus oder Service-Taxi nach Mafraq (70 km) und von dort weiter nach Umm al-Jimal

Umm Qais ■ B 2

500 Einwohner

Das heutige arabische Dorf Umm Qais im äußersten Norden Jordaniens (100 km nördlich von Amman, 30 km nordwestlich von Irbid) trug in der Antike den Namen Gadara und gehörte wegen seiner strategischen Lage im nördlichen Jordantal (379 m über dem Meeresspiegel) zu den Städten der Dekapolis. Gegründet wurde Gadara im 4. Jh. v. Chr. unter den hellenischen Diadochenherrschern, aber seine Blüte erlebte es unter dem römischen Kaiser Trajan. Im christlichen Byzanz war Gadara Bischofssitz. Unter den Ruinen Gadaras sticht besonders das aus schwarzem Basalt errichtete Amphitheater ins Auge, von dessen Rängen man einen weiten Ausblick hinüber zum (israelischen) See Genezareth und zu den (syrischen) Golan-Höhen hat. Neben dem Theater stehen noch die Basaltsäulen der achteckigen byzantinischen Kirche aus dem 6. Jh. Im Bund der Dekapolis fiel Gadara eine ähnlich herausragende Stellung zu wie Gerasa (Jerash) und Philadelphia (Amman), doch seit dem 6. Jh. verlor es seine Bedeutung, da das Jordantal strategisch unwichtig wurde.

Im Visitor's Centre ist ein Museum mit besonders herausragenden Ausgrabungsfunden untergebracht (zum Beispiel eine Statue der Göttin Tyche aus weißem Marmor); tgl. außer Di 8–17 Uhr.

Anreise: ab Amman oder Jerash mit Überlandbussen nach Irbid, von hier mit einem Service-Taxi ins 28 km nordwestlich liegende Umm Qais

MERIAN-TIP

Café im Visitor's Centre Zu dem kleinen, aber sehr sehenswerten Museum von Umm Qais gehört ein freundliches Terrassen-Café. Ein hell gekachelter Fußboden, handgeschmiedete Tische und Stühle aus Eisen, weiße Leinentischdecken und blaues Keramikgeschirr – ein vorzüglicher »Turkish coffee« und ein atemraubender Blick hinunter zum See Genezareth. Im Sommer spenden große weiße Sonnenschirme erholsamen Schatten; wer keinen weiten Heimweg hat, sollte bis zum Untergang der Sonne hinter dem See Genezareth hier verweilen. ■ B 2

Höhepunkt jeder Jordanienreise

ist ein Besuch Petras. Die 2000 Jahre alte Felsenstadt der Nabatäer gehört zu den bedeutendsten Baudenkmälern der Menschheit.

Petra ■ B 5

Stadtplan → Umschlag Rückseite

Petra liegt zwischen Amman (Entfernung 280 Kilometer) und Aqaba (Entfernung 130 Kilometer) in der Nähe des Ortes **Wadi Musa**, unweit der historischen Königsstraße, dem **King's Highway**. Von Amman fährt täglich ein Jett-Bus zur Ruinenstadt, der für die Strecke vier Stunden benötigt. Autofahrer müssen sich entscheiden, ob sie von Amman eine nur dreistündige Anreise auf dem neuen Desert Highway einer fünfstündigen Autofahrt auf dem landschaftlich reizvolleren älteren King's Highway bevorzugen. Von Aqaba aus kann man Petra in zwei Stunden mit einem Sammeltaxi erreichen. Von einem »Kurzbesuch mit Schnellbesichtigung« ist in jedem Fall abzuraten; wenigstens einen vollen Tag sollte man in der Ruinenstadt der Nabatäer verbringen, zwei bis vier wären der Bedeutung der Bauwerke und ihrer Schönheit angemessener. Die beste Tageszeit für eine Besichtigung sind der frühe Morgen oder der späte Nachmittag. Planen Sie deshalb wenigstens eine Übernachtung in einem der vielen Hotels in der Nähe der Ruinenstadt ein.

Moses' Weg durch Petra

Moses war wohl der erste, dessen Besuch »historisch« verbrieft ist. Er soll hier nach seiner langen Wanderung aus Ägypten auf seinem Weg ins Gelobte Land zum weiter nördlich gelegenen Berg Nebo die bis heute sprudelnde Quelle in den felsigen Boden des ausgetrockneten Flußtals geschlagen haben. **Ain Musa**, die Mosesquelle im Tal des Moses, ist ein Wallfahrtsort jordanischer Muslime, die hier nach dem Gebet ihre mitgebrachten Flaschen mit Moses-Wasser füllen.

»Auftanken« im Wadi Musa

Aus dem Dörfchen Wadi Musa, zwei Kilometer vor den Grabanlagen von Petra, ist heute eine Kleinstadt geworden, auch sie trägt den Namen des Tales. Der ankommende Besucher kann sich in Wadi Musa preiswerter mit Proviant und Trinkwasser für den Fußmarsch durch Petra eindecken.

Das Temenostor war der Eingang zur »Burg der Pharaonen«.

Die Geschichte der Nabatäer

Rund 1000 Jahre v. Chr. drangen Beduinen aus den zentralarabischen Wüsten bis in den Norden der Halbinsel vor und ließen sich im Tal von Petra nieder. Zuerst überfielen sie wohl die Karawanen, die von Südarabien entlang der »Weihrauch«-Straße die begehrten Aromata zum Mittelmeerhafen Gaza transportierten, später boten sie ihnen gegen Beteiligung Geleitschutz, und ab dem 4. Jahrhundert v. Chr. organisierten sie den Handel und Transport selbst – aus den »Söhnen der Wüste« wurden Spediteure. Ihr Reich – von den Römern später **Arabia Petraea** genannt – lavierte sich erfolgreich durch die politischen Wirren, die den Vorderen Orient nach dem Tode Alexanders des Großen destabilisierten. Das Handelsmonopol der begehrtesten Güter der Arabischen Halbinsel verhalf ihnen zu riesigem Reichtum, mit dem sie Petra aufbauten.

Zuerst holten sie sich dazu die bedeutendsten Baumeister aus Griechenland, später entwickelten sie ihren eigenen Baustil – aus den Spediteuren wurden Baumeister und Stadtplaner. Unter König Aretas III. (87 bis 62 v. Chr.) reichte ihr Herrschaftsgebiet von Medain Saleh nördlich von Medina bis Damaskus, Palästina, den Negev und bis zur Halbinsel Sinai. Da jeder angesehene Nabatäer in der Hauptstadt begraben werden wollte, entstanden auch mehr als 1000 Gräber, die in den rosafarbenen Sandstein der Felswände geschlagen wurden. Ihre Fassaden verkörpern eine einmalige Synthese aus orientalisch-beduinischer Kultur und hellenistischen Architekturelementen. Erst im Jahre 106 verloren die Nabatäer ihre Selbständigkeit, ihr Land wurde unter Kaiser Trajan (98–117) römische Provinz. Inzwischen hatte auch der Schiffsverkehr im Roten Meer gegenüber dem Landtransport an Bedeutung gewonnen.

Nach der Teilung des Römischen Reiches fiel Petra an Byzanz und wurde Sitz des christlichen Bischofs von **Palästina Tertia**. Ein Erdbeben im Jahre 363 führte zum Niedergang der Handelsstadt Petra. Überliefert ist noch aus dem Mittelalter ein Besuch des Mameluckensultans Baibar im Jahre 1276, der die christlichen Kreuzritter 1291 aus Palästina vertrieb.

Mehr als 700 Jahre versank Petra dann in Vergessenheit. Am 22. April 1812 ritt der Schweizer Johann Ludwig Burckhardt auf einer Reise von Syrien nach Ägypten durch das Tal von Petra. Als Archäologe erkannte er beim Anblick der in den roten Felsen gehauenen Tempel und Gräber sofort, worum es sich handelte. Das in London 1822 veröffentlichte Buch seiner »Wiederentdeckung« erschloß die Hauptstadt der antiken Karawanenkönige für die Gegenwart.

Vor 2000 Jahren war der Siq gepflastert und mit einer Wasserleitung versehen.

PETRA

Hotels/andere Unterkünfte

In Petra und seiner unmittelbaren Umgebung sind seit dem Friedensschluß mit Israel mehr als ein Dutzend Hotels und Unterkünfte neu gebaut worden; darunter auch zwei Luxusanlagen. Reservierung trotzdem empfehlenswert!

Alanbat Hotel and Student House
östlich ■ d 3
Einfaches Haus in Wadi Musa.
Caravancamping möglich.
Am Ortseingang von Shoubaq
Tel. 03/2 15 62 65
10 Zimmer (Mehrbett)
Untere Preisklasse

Forum Resthouse   östlich ■ d 3
Neubautrakt über dem Al-Kan-Grab; empfehlenswert wegen des Preis-Leistungs-Verhältnisses und der günstigen Lage.
Am Eingang der Anlage
Tel. 03/2 15 62 66, Fax 2 15 69 77
75 Zimmer
Mittlere Preisklasse

King's Way Inn   östlich ■ d 3
Vierstöckiger, heller Neubau gegenüber der Moses-Quelle, 4 km vor Petra, standardisierter Gruppenreisekomfort.
An der Straße nach Petra
Tel. 03/2 15 67 99, Fax 2 15 67 96
77 Zimmer
Obere Preisklasse

Mövenpick   ■ ????
Europäischer Luxus in arabischer Architektur mit Dampfbad und Swimmingpool. Direkt am Eingang der Anlage.
Tel. 03/21 57 11, Fax 2 15 71 12
183 Zimmer
Luxusklasse

Petra Forum Hotel   östlich ■ d 3
Älteste Hotelanlage, verschachtelte Bauweise oberhalb des Eingangs zur Ruinenstätte; zum Hotel gehört auch ein schattenloser Campingplatz (Sand) am Ende des Parkplatzes (7 JF pro Person und Nacht).
Tel. 03/2 15 62 66, Fax 2 15 69 77
147 Zimmer
Mittlere Preisklasse

Petra Palace (Qasr al-Petra)
östlich ■ d 3
Kein Palast, aber ein großes, gutgeführtes Hotel mit Swimmingpool an der Straße zum Visitors Center.
Tel. 03/2 15 67 23, Fax 2 15 67 24
90 Zimmer
Mittlere Preisklasse

Rose City   östlich ■ d 3
Rechteckiger, schmuckloser Neubau, ruhige Lage im Wadi Musa, 2 km bis zur Nabatäerstadt.
An der Straße nach Petra
Tel. 03/2 15 64 40, Fax 2 15 64 48
26 Zimmer
Mittlere Preisklasse

Taybet Zaman Resort   ■ B 5
Herausragend schöne Komfort-Hotelanlage, einem alten jordanischen Dorf nachgebildet.
15 km von Petra entfernt am King's Highway
Tel. 03/2 15 01 11, Fax 2 15 01 01
105 kleine Häuschen
Luxusklasse

PETRA

Sehenswertes

Vom Eingang der Anlage geht es im Wadi leicht bergab zu einer etwa 2 km langen, engen Felsenschlucht – Siq genannt –, dem einzigen Zugang nach Petra; er führt direkt zum »Schatzhaus« am Eingang der eigentlichen Stadt Petra. Die Sehenswürdigkeiten sind in der Reihenfolge aufgeführt, in der man sie erreicht:

Siq ■ d 3

Der Siq ist ein sandiger Geröllweg, der ständig bergab führt, an manchen Stellen nur etwa 5 m breit und rechts und links von bis zu 80 m hohen Sandsteinfelsen eingerahmt ist. Entlang der linken Seite der Schlucht sieht man noch den vor 2000 Jahren in die Felswand gehauenen Kanal, in dem Trinkwasser in die Stadt geleitet wurde. Während der römischen Epoche war der Siq gepflastert; ein erhaltenes kurzes Stück Pflasterstraße erinnert daran. Je weiter man im Siq bergab geht, desto enger wird er und vermittelt den Eindruck, die steilen Felswände stießen oben in der Höhe zusammen. Wenn man Petra am frühen Morgen besucht, ist der letzte Teil des Siq noch in dunkle Schatten gehüllt. Um so prächtiger erscheint plötzlich das erste im Licht der Sonne erstrahlende Grabmonument: Al-Khazneh.

Al-Khazneh ■ d 3

Das meistfotografierte und schönste Grab in der Felsenstadt Petra liegt direkt am Eingang des Siq. Seinen Namen Khazneh Faraun (Schatzhaus des Pharao) erhielt es von den Beduinen, denn unter ihnen ging die Sage um, im Khazneh ruhe ein geheimnisvoller Schatz. Die Grabstätte ist 43 m hoch und 28 m breit, sechs korinthische Säulen mit verzierten Kapitellen tragen einen Giebel, über dem sich ein zweites Stockwerk mit ebenfalls sechs Säulen erhebt. Sie rahmen drei nebeneinander aus der Felswand gehauene Bauteile ein, von denen das mittlere ein Rundbau (griech. Tholos)

Das Schatzhaus Al-Khazneh zählt zu den schönsten Bauwerken Petras.

Seit 1995 ein Bild der Vergangenheit: Die Beduinenführer und ihre Pferde dürfen nur noch bis zum Eingang des Siq reiten. Von da ab geht's weiter zu Fuß oder mit kleinen Kutschen.

mit einem Pavillondach ist. Über dem Dach erhebt sich ein Kapitell, auf dem eine etwa 3,50 m große Urne aus massivem Stein steht. In dieser Urne sollte – so die Hoffnungen der Beduinen – der »Schatz des Pharao« aufbewahrt sein. Zahlreiche Einschußscharten an der Urne zeugen von ihren vergeblichen Versuchen, mit Hilfe von Gewehrkugeln den steinernen Tresor zu »knacken«. Gemessen an der prunkvollen Fassade ist das Innere des Schatzhauses geradezu enttäuschend: ein rechteckiger leerer Innenraum mit Nischen, in denen einst die Sarkophage standen.

Der Vorplatz des Schatzhauses ist auf seiner gesamten Länge von etwa 250 m nur ca. 70 m breit und von hohen Felswänden umgeben. Er unterstreicht die Faszination des vor 2000 Jahren zu Ehren des Nabatäerkönigs Areatas IV. in den rötlichen Sandsteinfelsen gehauenen Grabdenkmals (wegen des einfallenden Sonnenlichts sollte man Al-Khazneh vor 11 oder nach 15 Uhr aufsuchen!).

Theaternekropole ■ c 3
Am Vorplatz des Schatzhauses beginnt im rechten Winkel zum Siq der breitere, sogenannte Äußere Siq, der ins Stadtgebiet Petras führt. An den Felswänden dieses breiten Weges befinden sich an der Westseite in unterschiedlicher Höhe – Theaterrängen vergleichbar – mehrere Felsengräber. Ihre Portale sind meist nur mit einfachen oder doppelten Zinnenfriesen geschmückt, Ausführung und Anordnung lassen darauf schließen, daß es sich hier um den ältesten Begräbnisplatz Petras handelt.

Amphitheater ■ c 2
Unmittelbar neben der Theater-Begräbnisstätte befindet sich das Amphitheater. Als es 1962 vollständig freigelegt wurde, entdeckte man, daß zwischen 5000 und 6000 Zuschauer auf den 33 Steinbankreihen Platz fanden. Dieses Theater vereint drei klassische Architekturelemente der Antike: die Lage am Hang, die Anordnung der Plätze im Halbrund und die Steinmetz-Architektur der Nabatäer, die die Sitzreihen aus dem Felsgestein herausmeißelten.

Königswand ■ c 2/d 1
Dem Theater gegenüber, an der Westseite des 1100 m hohen El Hubta, haben die Nabatäer Gräber mit aufwendigen Fassaden in den Fels gemeißelt. Archäologen vermuten, sie seien für Könige bestimmt gewesen. Unter diesen Gräbern besticht zuerst die Fassade des **Urnengrabes**, das man nur über eine gemauerte Treppe erreicht. Die Grabfassade wird von zwei Eckpfeilern eingerahmt, auf denen ein mehrschichtiger Fries ruht. Der große Innenraum wurde im 5. Jh. als christliche Kirche genutzt. Neben dem Urnengrab steht das zweistöckige **Korinthische Grab**, dessen Fassade von Winderosion stark in Mitleidenschaft gezogen wurde. Dennoch kann man nicht nur die Säulen gut erkennen, auf die der Name des Grabes zurückgeht, sondern auch die verblüffenden Ähnlichkeiten mit Bauelementen des Al-Khazneh. Unmittelbar neben dem Korinthischen Grab, aber etwas zurückgesetzt, erstreckt sich die breite Fassade des **Palastgrabes**; die hinter den vier Palasteingängen gelegenen Räume sind allerdings nicht von fürstlicher Größe (nur 10 x 7 m). Als viertes Grab der Königswand liegt etwas abseits das Mausoleum des römischen Statthalters **Sextius Florentinus**, der unter Kaiser Hadrian der Provinz Arabia vorstand. Das Grab – so die lateinische Inschrift – ließ Sohn Lucius für seinen Vater bauen.

PETRA

Cardo Maximus ■ b 1

Auf der Höhe der Königswand beginnt die sogenannte »Innenstadt« Petras. Da die roten Sandsteinfelswände an dieser Stelle des Wadi Musa in den Hintergrund treten, wurde die Stadt hier durch eine Stadtmauer geschützt, von der heute nur noch Reste zu sehen sind. Der große Cardo, die gepflasterte Hauptstraße – 1916 freigelegt –, führte durch das Zentrum der Innenstadt, zu beiden Seiten standen einst Säulen mit großen Bauten dahinter. Von ihnen sind heute nur noch Ruinenberge und wenige wiedererrichtete Säulen zu sehen. Am Eingang des Cardo liegen noch Reste des **Nymphäums**. Folgt man dem begehbaren gepflasterten Straßenabschnitt, erreicht man an seinem Ende das **Temenos-Tor**, 18 m breit und einst Eingang zum Tempelbezirk, dem Qasr al-Bint Faraun. Das Temenos-Tor wurde 114 als Triumphbogen zu Ehren des römischen Kaisers Trajan errichtet.

Qasr al-Bint Faraun ■ a 1

Der beduinische Name – Burg der Tochter des Pharao – hat mit der antiken Funktion dieses besterhaltenen freistehenden Bauwerks der Nabatäer nichts zu tun, sondern geht auf ein unter den Beduinen erzähltes Märchen zurück. Die schöne Tochter des Pharao wollte in ihrem Schloß gerne täglich in fließendem Wasser baden und nur den heiraten, der ihr dies zu bieten vermochte. Ein besonders mutiger Krieger leitete daraufhin mit großen Anstrengungen den Wasserlauf von der nahegelegenen Harun-Quelle zum Qasr al-Bint um – eine arabische Version jener Liebe, die im wahrsten Sinne des Wortes Berge zu versetzen vermag. Mit einer Höhe von 23 m nimmt der freistehende Tempel den herausragenden Platz im Zentrum der Stadt ein. Rekonstruktionsskizzen veranschaulichen, welche beeindruckende Dominanz diesem Bauwerk und dem ihm vorgelagerten Platz zugemessen wurde; die erhaltenen Mauern mit ihren Außen- und Innendekorationen bestätigen dies.

Zum Tempel von Ed Deir gelangt man nach einstündigem Aufstieg.

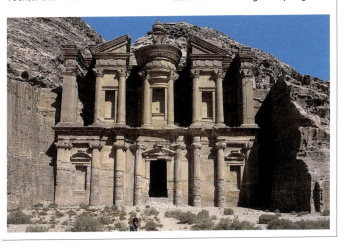

PETRA

Im kleinen Museum sind Einzelfunde zu bewundern.

Hinter dem Qasr al-Bint Faraun erheben sich im Westen die beiden Gipfel des El Hebis. An der Südostseite führt ein Treppenweg hinauf; von oben hat man eine herrliche Aussicht auf den Cardo Maximus.

Ed Deir nordwestlich ■ a 1
Es bedarf rund 1 Std. anstrengenden Aufstiegs, um die 200 Höhenmeter und die 760 Stufen zum »Kloster« (arabisch: Ed-Deir) zu bewältigen. Die nabatäische Stätte mit dem christlichen Namen befindet sich auf einer Bergterrasse, die man nur über eine langgezogene Felsentreppe im Wadi al-Qattar erreicht. Beim Aufstieg passiert man linker Hand in einer Schlucht das **Löwentriclinum**, ein Grabmal, dessen Portal durch Winderosion die Form eines Schlüssellochs angenommen hat; die beiden Löwen sind stark verwittert.

Wenn sich die Ebene am Ende des antiken Prozessionsweges öffnet, befindet sich zur Rechten die Felswand, in die Ed Deir hineingemeißelt wurde. Äußerlich gleicht es Al-Khazneh, da aber der quadratische Innenraum von 12 m Seitenlänge keine Nischen für Sarkophage besitzt, gehen die Archäologen davon aus, daß Ed Deir nicht als Mausoleum, sondern als Tempel diente. Ed Deir wirkt gedrungener als Al-Khazneh: Die Fassade ist knapp 50 m breit und 45 m hoch, der Eingang 4 m breit und 8 m hoch, und die Urne über dem Tholos mißt 9 m. Wer es sich zutraut, kann auf einem sehr schmalen Pfad die Felswand neben dem Kloster hinaufsteigen und auf das »Dach« des Klosters klettern. Von dort oben beeindruckt die Architekturleistung der nabatäischen Baumeister noch mehr!

Wenn man vom Kloster den Weg Richtung Nordwesten fortsetzt, gelangt man nach etwa 10 Minuten zu einem sehr lohnenswerten Aussichtspunkt, von dem man einen grandiosen Blick bis hinüber zum Wadi Arabah genießen kann.

Regenbogengrab ■ a 1
An der Ostseite des El Hebis liegt das Regenbogen- bzw. Fenstergrab, in dessen 10 m langem Innenraum ein kleines **archäologisches Museum** mit vielen Ausgrabungsfunden untergebracht ist; ein Treppenaufgang führt zu einer Terrasse vor dem Grab. Neben vielen Ausgrabungsfunden kann man sehr anschaulich die Farbenvielfalt der natürlichen Maserungen der Sandsteinwände bestaunen, deren Palette fast keine Farbe des Regenbogens ausläßt (→ S. 93).

Großer Opferplatz ■ c 3
Zum Gipfel des 110 m hohen Zibb Atuf führt ein Treppenweg abseits der Hauptroute, der 100 m vor dem Amphitheater links abbiegt, durch

eine Schlucht führt und den Großen Opferplatz erreicht. Auf diesem Platz hoch oben auf dem Zibb Atuf wurden Schlachtopfer dargebracht – das Ritual kann man sich dank des kreisförmigen Altarsteines mit Blutablaufrinne gut vorstellen. Zum Wadi Musa kann man von Zibb Atuf über die Farasa-Schlucht hinabsteigen. Entlang dieser Strecke passiert man ein Löwenrelief von 4 m Länge und 3 m Höhe und den Gartentempel mit einem Staubecken.

Museen

Petra Archaeological Museum ■ a 1
Ein kleines archäologisches Museum wurde in einem Nabatäergrab, etwa 40 m hinter dem gepflasterten Cardo Maximus, eingerichtet. Ausgestellt werden Skulpturen, Reste des Aquädukts, Münzen und vor allem nabatäische Töpferei-Funde; außerdem werden Tee gereicht und Bücher verkauft.
Tgl. 8–16 Uhr
Eintritt frei

Essen und Trinken

Innerhalb der Ruinenstadt gibt es drei in die Umgebung integrierte Open-air-Restaurants. In ihnen werden ausschließlich kleinere Menüs (zum Beispiel Fleischspieße, Reisgerichte) angeboten. Komplette Menüs bieten nur die Hotelrestaurants außerhalb der Anlage an. Seit 1998 gibt es auch mehrere Toilettenanlagen.

Forum Resthouse – Restaurant
östlich ■ d 3
Ideal wegen seiner Lage am Eingang zum Siq, Nabatäer-Ambiente, Restaurant des Forum Resthouse-Hotels. Preiswertes und gutes Essen.
Tel. 03/2 15 62 66
Tgl. 6–22 Uhr
Mittlere Preisklasse

Mövenpick
östlich ■ d 3
Schweizer Küche in orientalischer Umgebung; den abschließenden Kaffee nimmt man am Pool.
Tel. 03/2 15 71 12
Tgl. 8–20 Uhr
Obere Preisklasse

Einkaufen

Entlang der Straße von Wadi Musa nach Petra werden alle nur erdenklichen Erinnerungs- und Geschenkartikel arabisch-jordanischer Provenienz – vom T-Shirt mit dem Bild des Schatzhauses bis zur Wasserpfeife – angeboten.

Service

Öffnungszeiten der Felsenstadt Petra
Tgl. 5–18 (Ramadan 6–17 Uhr)
Eintritt 20 JD, zwei Tage 25 JD, drei Tage 30 JD; Do wird von 20.30–22.30 Uhr eine Tour »Petra bei Nacht« angeboten (12 JD);
Tel. 03/2 15 66 65

Visitor's Centre
östlich ■ d 3
In unmittelbarer Nähe des Eingangs, schräg gegenüber des Forum Resthouse.
Tel. 03/2 15 60 20, Fax 2 15 60 60
Tgl. (auch Fr) 7–17 Uhr

Verkehrsmittel
Ankunft und Abfahrt der Jett-Busse von und nach Amman auf dem großen Platz am Visitor's Centre. Keine Busverbindung nach Aqaba, nur Taxis (einfache Fahrt 25 JD, Hin- und Rückfahrt 30 JD!).

Für den etwa 30minütigen schattenlosen, steinigen Weg vom Eingang (anfangs zweispurig) in die Ruinenstadt sollten ältere oder gehbehinderte Personen in jedem Fall die doppelsitzigen Kutschen benutzen (Preis 10 JD).

MIT DEM AUTO

ROUTEN UND TOUREN

Auf den Spuren des Lawrence von Arabien

Einmalige Felsenlandschaften und unwegsame Wüste: Das Wadi Rum kennt viele Facetten.

Dieser Mehrtagesausflug ins Wadi Rum mit einem Besuch der »Desert Police« beginnt in Aqaba. Die Asphaltstraße, die an der Abzweigung acht Kilometer südlich von **Quwayra** vom Desert Highway ins 80 Kilometer entfernte **Wadi Rum** führt, endet am Fort der Shurta al-Badiya, der für das Wadi Rum zuständigen Beduinenpatrouille.

Umrahmt von eindrucksvollen Felsformationen: Wadi Rum.

Bizarre Felsformationen

Bereits auf den letzten 15 Kilometern dieser schmalen Asphaltstraße, die zuvor teilweise parallel zur Eisenbahntrasse Richtung Deisiy verläuft, faszinieren die hohen bizarren Berge in leuchtendem Sandsteinrot, die sich senkrecht zu beiden Seiten des Wadi erheben.

Dann verengen die bis zu 600 Meter hohen Felswände des **Jabal Rum** zur Rechten und des **Jabal Umm Ishrin** zur Linken das 900 Meter hoch

Abenteuer Wüste: Karawanentour durchs Wadi Rum.

gelegene Tal. Die übereinandergelagerten Sandsteinschichten der Berge verändern jetzt ständig ihre Farben. Noch vor wenigen Jahren war die festungsähnliche Polizeistation am Eingang zum hinteren Teil des Wadi Rum das einzige gemauerte Gebäude im Tal. Ansonsten stieß man hier, 40 Kilometer vor der saudischen Grenze, nur noch auf vereinzelte dunkelbraune Beduinenzelte aus Ziegenhaar. Heute ist vor der Polizeistation das kleine Dorf Rum aus grauen gesichtslosen Zementhäuschen entstanden, unter denen sich nur die zweistöckige Schule wohltuend abhebt.

Aus einer Polizeistation entstand ein Dorf.

Weiter durch die Wüste mit Jeep oder per Kamel

Über Jahrhunderte war das Wadi Rum Weideland der Howeitat-Beduinen, von denen 400 hier seßhaft und gut auf Touristen vorbereitet sind. Jeder Besucher muß am Rasthaus der »Wadi Rum Tourism Association« ein Ticket für 1 JD erwerben. Dafür erhält er einen Gutschein, den er für »complimentary Bedouin coffee or tea« im dahinter stehenden weiträumigen Beduinenzelt einlösen kann.

Möchten Sie mit einem der wartenden Kamele oder Jeeps weiterreisen, überbieten sich die jungen Beduinen mit ihren Angeboten – auf die man auch angewiesen ist, um in den hinteren Teil des Wadi zu gelangen. Am Resthouse gibt eine Tabelle Auskunft über die Ziele innerhalb des Wadi, ihre Entfernungen und die Preise der Transportmittel. Nach **Al-Khazali**, beispielsweise zur rund acht Kilometer von der Polizeistation entfernten natürlichen »Brücke«, die in einer Höhe von rund 20 Metern einen Felsencanyon überspannt, muß man etwa vier Stunden für die Strecke hin und zurück einkalkulieren; ein Kamel kostet 15 JD, eine Jeepfahrt 10 JD. In beiden Fällen ist die (meist nicht englischsprechende) sachkundige Begleitung eingeschlossen.

Spektakuläres Ausflugsziel im Wadi Rum ist die Brücke aus Sandstein Al-Khazali.

Auf Übernachtungsgäste ist man auch im Wadi Rum eingerichtet. Hinter dem Resthouse – das einzige Restaurant im Wadi, kein Hotel! – stehen auf einem sandigen Campingplatz kleine Zweipersonenzelte, in denen man für 2 JD übernachten kann, Duschenbenutzung im Resthouse inbegriffen (Reservierung in Aqaba, Tel. 03/2 01 30 91, Fax 2 01 39 48). Denn inzwischen kommen außer Wanderern auch Bergsteiger und Ornithologen hierher, die früh an Ort und Stelle sein wollen.

Besuch bei der Wüstenpolizei

Übernachten wie die Beduinen.

Zentrum des Dorfes Wadi Rum ist nach wie vor die Polizeistation unter hohen Eukalyptusbäumen. Vor ihr stehen immer zwei diensthabende Angehörige der Shurta al-Badiya in prächtigen Uniformen. Sie heißen jeden Besucher herzlich willkommen und führen ihn in ein großes Zelt im Innenhof. Auf einem Kohlenfeuer wird Tee warmgehalten; mit größter Selbstverständlichkeit wird er Gästen angeboten, nachdem man sie aufgefordert hat, in der Runde Platz zu nehmen. Auch wenn die Verständigung nicht leicht ist, gerne berichten die Beduinenpolizisten von ihren Einsätzen gegen Schmuggler und ihren Patrouillen entlang der Grenze.

Auf einen Besuch dieser »Desert Police«, der einzigen noch mit Kamelen ausgerüsteten Beduinenpolizei im Nahen Osten, sollte man nicht verzichten; ebenso nicht auf ein Foto in ihrer Mitte.

Die freundlichste Polizei der Welt.

Beliebtestes Ziel etwa zwei Kilometer von der Polizeistation entfernt ist Ayn Abu Ayna. Jene Quelle wurde von den Beduinen »Lawrence Spring« genannt, weil sie von T. E. Lawrence in seinen Aufzeichnungen ausführlich beschrieben wird. Das Wasser dieser noch heute sprudelnden Quelle ist bestes Trinkwasser. Neben der großen Sammeltränke zu Füßen des Felsens steht ein dunkles geräumiges Beduinenzelt, in dem Gäste für 2 JD übernachten können.

Bild S. 97:
Neben Kultur gehört das Landschaftserlebnis zur klassischen Rundtour.

Anreise: von Aqaba mit einem fünfsitzigen Service Taxi pro Person hin und zurück 4 JD; man kann das Taxi auch allein (für 20 JD) mieten
Dauer: ein bis mehrere Tage
Karte: → Klappe vorne

MIT DEM AUTO

MIT DEM AUTO

Zu den »Wüstenschlössern« der Omaijaden

Kulturhistorische Juwelen in karger Wüstensteppe: Luxus und Schutz haben diese Bauwerke versprochen.

Im 8. Jahrhundert war **Damaskus** die Hauptstadt der islamischen Welt, weil das Kalifat an die dort residierenden Omaijaden gefallen war. Östlich von Amman am Übergang zu den großen Wüstengebieten errichteten die omaijadischen Kalifen eine Reihe befestigter Paläste und Karawansereien. Örtliche Emire machten es ihnen nach, und so entstanden abseits der großen Zentren mehrere **Qasr**, »Schlösser«. Hinsichtlich ihrer Architektur und ihrer dekorativen Innenbemalung zählen einige von ihnen zu den bedeutendsten mittelalterlichen Denkmälern weltlicher islamischer Kunst.

Südlich von Amman, nahe des Queen Alia Flughafens und über eine Zufahrt vom Desert Highway leicht zu erreichen, liegt die Winterresidenz **Qasr Mushatta**. Sie wurde 743 von Kalif Walid II. erbaut, blieb aber als größtes und ehrgeizigstes aller omaijadischen Wüstenschlösser unvollendet. Riesige Gewölbe, zwei Dutzend halbrunde Türme an den Seitenmauern von 140 Meter Länge, Reste kunstvoller Marmorornamente, ein eindrucksvoller Thronraum mit drei Apsiden und ein Teich außerhalb der Anlage – der

Qasr Kharana, das besterhaltene Wüstenschloß Jordaniens.

Besucher kann sich leicht in die einstige Pracht zurückversetzen. Leider hat Qasr Mushatta seine wohl schönste Kostbarkeit verloren: Der türkische Sultan Abdul Hamid ließ die prunkvolle Torfassade abtragen und schenkte sie seinem Freund, dem deutschen Kaiser Wilhelm II. Seitdem kann man sie im Berliner Pergamonmuseum bewundern.

Festung in der Wüste

Östlich von Mushatta und südöstlich von Amman steht abgeschieden in flacher steiniger Wüste das am besten erhaltene Omaijadenschloß **Qasr Kharana**. Mit einem rechteckigen Grundriß von 35 Meter Länge, hohen, bis zu drei Meter dicken Mauern mit vielen Schießscharten und runden Ecktürmen gleicht dieses Schloß einer gewaltigen Festung. Betritt man durch die kleine Tür in der Mitte der Südmauer den großen Innenhof, ist man überwältigt von der gedrungenen Architektur: Mehr als 50 Räume zählt das zweistöckige Schloß, darunter die Stallungen zu beiden Seiten des Eingangs. Im Obergeschoß erklärt der beduinische Wächter beim Rundgang die kufischen Schriftzüge oberhalb des Türsturzes, die das Jahr 710 als Baujahr nennen. Die Massivität des Bauwerks wird in den Räumen der beiden oberen Geschosse durch Fresken, Kuppeln, Nischen und Rundbögen aufgelöst. Von der Dachterrasse hat man einen freien Blick in alle Himmelsrichtungen. Ob Qasr Kharana als Verteidigungsfestung oder als Handelsstation diente, ist unter Archäologen noch ungeklärt.

Kurz vor Kharana zweigt abseits des asphaltierten Straßennetzes in Richtung Süden eine Wüstenpiste zum **Qasr Tuba** ab, die nur mit dem Geländewagen zu befahren ist. Dieses Schloß vermittelt durch seine einsame Lage inmitten der flachen Wüste die größte Authentizität. Vom großen rechteckigen Gebäude (ursprünglich 140 x 70 Meter) sind drei Gewölberäume und Mauerkorridore aus gebrannten Ziegeln erhalten. Bauherr war Kalif Walid II., der es als komfortable Karawanenstation um 740 errichten ließ.

Luxuriöses Jagdschloß

Qasr Tuba

70 km

Qasr Amra

Nordöstlich von Qasr Kharana, auf der anderen Seite des Wadi, liegt das Jagdschloß **Qasr Amra**. Es wurde von einem arabischen Prinzen während des Kalifats Walid I. in der ersten Hälfte des 8. Jahrhunderts errichtet und ist wegen seiner farbigen Wandmalereien das bekannteste aller omaijadischen Wüstenschlösser. Relativ klein und aus rosaleuchtenden Kalkquadern erbaut, gliedert es sich in einen Wohntrakt mit Eingangshalle und Thronsaal und in einen Badetrakt, dessen Luxus sich von der kargen Wüstenlandschaft besonders abhebt. Wände und Decken im Wohn- und Badetrakt sind über und über mit Kriegs-, Jagd- und Badeszenen bemalt, die Böden mit Mosaiken belegt. Die Kuppel des Dampfbades (**Caldarium**) ist ein besonderes Kunstwerk. In ihr werden die Sterne des nördlichen Himmels mit den Tierkreiszeichen dargestellt. Sie gilt als der erste Versuch, das Himmelsgewölbe nicht auf einer Fläche, sondern auf einer der Erdhalbkugel entsprechenden Wölbung abzubilden.

35 km

Qasr Azraq

Eine knappe halbe Stunde benötigt man mit dem Auto, um zum Wüstenschloß **Qasr Azraq** zu gelangen. Der Ort Azraq ist heute Verkehrsknotenpunkt der Überlandstraßen von Saudi-Arabien nach Syrien und von Jordanien nach Irak. Die irakische Grenze ist 250 Kilometer, die saudiarabische 50 Kilometer entfernt; Azraq ist die letzte größere Siedlung auf diesen Strecken. Direkt an der Straße am Rande des Ortes steht das eindrucksvolle Jagdschloß Qasr Azraq.

7 km

Römer und Omaijaden

Das aus dunklen Basaltsteinen errichtete Qasr wurde von den Römern im 3. Jahrhundert gebaut und von den Omaijaden 600 Jahre später erweitert. Beeindruckendes Detail in der großen Anlage ist eine drei Tonnen schwere Steintür, die aus einem einzigen Basaltblock geschlagen wurde und noch immer in ihren alten Steinscharnieren bewegt werden kann. Der Raum direkt über dem südlichen Festungseingang diente T.E. Law-

Azraq

MIT DEM AUTO

rence im Winter 1917/1918 als Quartier, bevor er an der Seite Husseins, des Ururgroßvaters des heute regierenden Königs Abdullah, Damaskus eroberte. Der alte beduinische Wächter zeigt den Besuchern voller Stolz seine Jugendphotos aus den Tagen mit Lawrence von Arabien, obwohl er zu dieser Zeit noch gar nicht geboren war!

Auf dem Rückweg von Azraq über Zarqa nach Amman kann man vor Zarqa einen kurzen Zwischenstopp im abseits der Strecke gelegenen **Qasr Hallabat** einlegen. Schloß Hallabat ist eine eindrucksvolle Ruine inmitten flachen Wüstengebietes. Vom römischen Kaiser Caracalla um 215 zum Schutz seiner Provinzen vor Beduinenstämmen erbaut, erweiterten es die Omaijaden zu einem feudalen Landsitz, dekorierten Böden und Innenwände mit Mosaiken und Fresken und errichteten neben dem Qasr eine rechteckige Moschee. Der Besuch der Wüstenschlösser kostet keinen Eintritt, aber die beduinischen Wächter, die sich bei den Führungen große Mühe geben, sind dankbar für eine Anerkennung.

Übernachtungsmöglichkeiten bestehen nur in Azraq im kleinen Hotel **Al Sayad**, das auf einem Hügel inmitten von Olivenbäumen gelegen ist, Tel. 09/5 64 76 94, Fax 5 64 49 88, 36 Zimmer, Mittlere Preisklasse, und im **Government Resthouse**, einer schönen Bungalowanlage mit Schwimmbad nördlich des Zentrums von Azraq, Tel. 09/5 68 10 42, Fax 5 68 10 28, 24 Zimmer, Mittlere Preisklasse.

Azraq	
50 km	
Qasr Hallabat	
25 km	
Zarqa	
29 km	
Amman	

Anfahrt: 100 km von Amman nach Azraq über südliche Asphaltstraße; zurück über nördliche Asphaltstraße Azraq nach Amman
Dauer: 2–3 Tage
Karte: → Klappe vorne

MIT DEM AUTO ODER BUS

ROUTEN UND TOUREN

Auf der historischen Königsstraße

Bettler und Könige waren hier unterwegs und haben Geschichte gemacht: Das Buch Moses erzählt davon.

Heute kann man zwischen drei Überlandstraßen wählen, um von Amman bis ins rund 400 Kilometer südlich gelegene Aqaba zu fahren: dem **Desert Highway** (der neuen, vierspurigen Autobahn), der Fernstraße **Nr. 65** im Wadi Araba (entlang der israelischen Grenze) und dem **King's Highway,** der ältesten Route durch gebirgige Landschaften und Trockenflußtäler.

Die »Straße der Könige« ist eine der ältesten Routen im Vorderen Orient. Auf ihr waren seit etwa 5000 Jahren ohne Unterbrechung Karawanen, Armeen, Händler, Eroberer unterwegs – heute sind es die Touristen und einmal im Jahr die königlich-jordanische Autorallye. Der Name der Route geht auf die Bibel zurück, in der (1. Moses, 14) die Geschichte von vier Königen aus dem Norden erzählt wird, deren Armeen fünf Könige des Südens besiegten, darunter auch die von Sodom und Gomorrha; Lot, der Neffe Abrahams, geriet dabei in Gefangenschaft. Entlang der Königsstraße liegen viele der großen Sehenswürdigkeiten Jordaniens, auf ihren ersten 100 Kilometern besonders viele Stätten des frühen Christentums.

TOPTEN 9

Der King's Highway führt südlich von Amman über das karge Hochplateau ins 40 Kilometer entfernte **Madaba,** heute eine eher unauffällige jordanische Stadt mit 70000 Einwohnern. Madaba erlebte seine Blütezeit unter der Herrschaft des oströmischen Byzanz und war bis zur Eroberung durch die Perser im Jahre 614 Bischofssitz.

Madaba: Die Stätte frühchristlicher Mosaiken.

Die **St. Georgskirche** beherbergt eines der kostbarsten frühchristlichen Zeugnisse: die älteste Landkarte des Heiligen Landes (aus dem Jahr 560) als 15 Meter langes und fünf Meter breites

Mosaik aus über zwei Millionen viereckigen Steinchen. Viele Städte und Orte werden bildhaft dargestellt, Länder mit Namen genannt, und besonders prächtig präsentiert sich das ummauerte Jerusalem. Leider wurden Teile des Mosaiks abgetragen, aber der Rest ist immer noch über alle Maßen eindrucksvoll (täglich 8.30 bis 18, Sonntag und Freitag 10.30 bis 18 Uhr).

Auch in der **Marienkirche** (Church of the Virgin), in der **Kirche des Propheten Elias** und in der **Apostelkirche** sind Zeugnisse byzantinischer Mosaikkunst zu bewundern. 1993 wurde in Madaba eine Mosaikschule eröffnet, um nachrückende Generationen in dieser Kunst zu unterweisen.

Wer in Madaba weilt, wird auch dem zwölf Kilometer westlich gelegenen **Berg Nebo** (Siyagha) einen Besuch abstatten wollen. Der Berg verdankt seine Bedeutung dem Propheten Moses, der gemäß biblischer Überlieferung nach vierzigjähriger Wanderung aus Ägypten von hier aus das »Gelobte Land« zum ersten Mal erblickte.

Vom Berg Nebo erblickte Moses das biblische Eretz Israel.

Grandiose Ausblicke

Wer es Moses gleichtut und von der Westkante des Gipfelplateaus in die Weite des Jordangrabens blickt, sieht das Tote Meer, die fruchtbaren Felder zu beiden Seiten des Jordans, die gegenüberliegende Westbank und an ganz klaren Tagen sogar Jerusalem und Jericho.

Von Madaba führt die Königsstraße über das Hochplateau und erreicht bei Lib die Abzweigung

Die älteste Landkarte des Heiligen Landes in Madaba.

MIT DEM AUTO ODER BUS

In Muqawir tanzte einst Salome, die Stieftochter de Königs Herodes.

ins 23 Kilometer entfernte **Muqawir**. Am südwestlichen Ortsrand erhebt sich ein einsamer, 700 Meter hoher Tafelberg, auf dessen abgeflachtem Gipfelplateau einst jene Festungsburg des König Herodes thronte, in der Johannes der Täufer auf Drängen der tanzenden Salome Kopf und Leben verlor. Von der Herodesburg sind nur wenige Mauerruinen erhalten, aber der Ausblick ist überwältigend. Von hier sind es nur noch sieben Kilometer Luftlinie bis zum 1100 Meter tiefer gelegenen Toten Meer; aber das steil abfallende Gelände läßt keine befahrbare Verbindung zu.

Auf der Königsstraße erreicht man 35 Kilometer südlich von Madaba den Ort **Dhiban**, in dem 1868 die **Mescha-Stele** gefunden wurde, die – in schwarzen Basalt gemeißelt – die Taten des biblischen Moabiterkönigs Mescha (4. Buch Moses, 21; Jesaja 15,1) anpreist. Sie befindet sich heute im Pariser Louvre. Hinter Dhiban steigt die Königsstraße in engen Kurven 500 Meter hinunter ins **Wadi al-Mujib**, um nach seiner Durchquerung in noch schwierigeren Windungen das sich in südlicher Richtung fortsetzende Hochplateau wieder zu erreichen. Wegen seiner großartigen Felsformation wird das Wadi als »Grand Canyon« Jordaniens bezeichnet.

Historischer Beleg biblischer Beschreibungen: die Mescha-Stele.

Reise in die Zeit der Kreuzritter

TOP TEN 4

Die Kreuzritter im Heiligen Land.

Von hier aus sind es knapp 40 Kilometer bis zur Stadt **Kerak** mit heute 30 000 Einwohnern und einer Kreuzritterburg. Nach der Eroberung Jerusalems 1099 waren die christlichen Kreuzritter unter Balduin I. mit ihren Heeren auch nach Osten vorgedrungen. Sie nannten das Gebiet »Terre oultr le Jourdain« (umgangssprachlich »Oultrejourdain«) und sicherten ihren Herrschaftsanspruch durch mächtige Burgen; eine der ersten war die weiter südlich gelegene Festung Shobak (1115). Im Auftrag Falkos, des dritten Königs der Kreuzritter, baute der fränkische Adelige Payen de Bouteillier Kerak zur wichtigsten Festungsstadt von Oultrejourdain aus; 1136 wurde es dessen Hauptstadt und Bischofssitz. Die Festung Kerak mit ihrer hohen Zitadelle nimmt das ganze

Plateau mit 250 Metern Länge ein und fasziniert durch verschachtelte Räume und Hallen, ein Labyrinth von Kreuzgängen, Galerien und Geheimwegen zwischen Türmen und Mauern.

Nur ein halbes Jahrhundert konnten die Kreuzritter Kerak nutzen. In der Schlacht von Hittin westlich des See Genezareth besiegte Sultan Saladin 1187 ihr Heer. Renauld de Chatillion, seit 1177 Schloßherr von Kerak, geriet in Gefangenschaft und wurde geköpft. Sultan Saladin übernahm die Festung ein halbes Jahr nach der Schlacht von Hittin und ließ 1188 innerhalb der Mauern ein neues Herrenhaus bauen.

Wenn man im staatlichen Resthouse übernachtet, erlebt man die Kreuzfahrerburg im mattgelben Abendlicht, das die Festung noch mächtiger erscheinen läßt (Tel. 03/2 15 11 48, Fax 2 15 31 48, 14 Zimmer, Mittlere Preisklasse).

Die größte und besterhaltene aller jordanischen Kreuzritterburgen: Kerak.

Anfahrt: von Kerak sind es etwa 130 km über den Desert Highway zurück nach Amman
Dauer: 1–2 Tage
Karte: → Klappe vorne

Seit 1142 trotzt die Festung Kerak allen Anfeindungen.

Auf dem Wasser

Baden im Toten Meer

Träge im Wasser liegen und sich die Sonne auf den Bauch scheinen lassen: Das Tote Meer macht's möglich.

Schon in der Bibel spielte das Tote Meer eine wichtige Rolle.

Von allen Meeren der Welt ist das Tote Meer das sonderbarste. Es enthält 27 Prozent Salz, das heißt fast die zehnfache Menge des normalen Meerwassers. Deshalb gibt es in ihm kein Leben, man kann aber in diesem lauwarmen, ölig wirkenden, trüben, heilenden Wasser auch nicht untergehen. Zudem liegt seine Oberfläche 396 Meter unter dem Meeresspiegel und ist damit der tiefste Punkt der Erde, der unter freiem Himmel zugänglich ist. Im arabischen Sprachraum (d. h. auch auf jordanischen Straßenkarten) heißt das Tote Meer »Bahr Lut« – Meer des Lot. Damit knüpft dieser Name an die mythologische Geschichte von jenem Lot aus Sodom an, dessen Frau zu einer Salzsäule erstarrte.

Von Amman benötigt man eine knappe Stunde, um über **Na'ur** zum 55 Kilometer entfernten Toten Meer »hinunterzufahren«. Die sehr kurvenreiche Straße führt zur King-Abdullah-Brücke, die auch nach den israelisch-jordanischen Friedensgesprächen von 1994 für Zivilisten gesperrt ist. Die Straße führt deshalb unterhalb der Jordanmündung an der jordanischen Uferseite des Toten Meeres nach **Suweimah**. In dieser nordöstlichsten Ecke des Toten Meeres befinden sich mehrere Hotelanlagen. Unter ihnen das neue **Mövenpick Resort & Spa**, wegen seiner großzügigen Architektur besonders empfehlenswert (→ S. 38). Baden im Toten Meer ist nur dort anzuraten, wo Süßwasserduschen zur Verfügung stehen – das ist meist nur im Umkreis von Hotels der Fall. Nicht ganz so bequem, aber landschaftlich faszinierend sind die Bademöglichkeiten weiter südlich entlang der Nationalstraße Nr. 65, an jenen Uferabschnitten, an denen Wadis aus den steilen Bergmassiven heraus ins Tote Meer einmünden (zum Beispiel das Wadi al Mujib), die von Dezember bis Mai Süßwasser führen.

Suweimah: Jordanisches Kur- und Badezentrum am Toten Meer.

AUF DEM WASSER

20 Kilometer südlich von Suweimah, am Ostrand des Toten Meeres, aber durch eine unüberwindbare Gebirgsbarriere von seinen Ufern getrennt, liegt **Hammamat Ma'in** (→ S. 35). Von Amman, das etwa 70 Kilometer entfernt liegt, erreicht man es über Madaba. Die »Anfahrt« in den Jordangraben ist genauso kurvenreich wie die nach Suweimah; manchmal beträgt das Gefälle 15 Prozent. Die heißen Quellen von Ma'in, die schon der römische Geschichtsschreiber Josephus Flavius pries, sind heute in die schöne Hotel- und Kuranlage **Ashtar Ma'in Spa** (→ S. 38) integriert; das heilende heiße Wasser sprudelt aus einem Felsen aus 45 Meter Höhe als Sinter-Kaskade in ein Badebecken.

Schon Herodes der Große badete in den heißen Quellen am Toten Meer.

Radsportfreaks können sich in Amman ein Mountainbike mieten (zum Beispiel bei Jamal Asfour, Jabal Amman, Tel. 08/4 64 46 56) und den 1200 Meter Höhenunterschied nach Hammamat Ma'in per Muskelkraft bewältigen.

Das Tote Meer ist das salzhaltigste Meer der Welt und erlaubt deshalb eine besonders entspannte Schwimmhaltung.

Anfahrt: von Amman mit Leihwagen oder Taxi (25 JD), als organisierter Tagesausflug mit dem Jett-Bus (6 JD)
Dauer: 1 Tag
Karte: → Klappe vorne

Mit Auto, Bus oder Taxi

Die »klassische« Jordanienreise

ist eine Reise mitten ins Herz des Orients: zu den Stätten der Nabatäer, den Bauwerken der Antike, der Kunst des Islam.

Die Rundreise ist anstrengend für Körper und Geist – aber es lohnt sich!

Wer die wesentlichen Sehenswürdigkeiten des Landes kennenlernen will, braucht dazu mindestens eine Woche Zeit, beste Kondition und nahezu unerschöpfliche Aufnahmefähigkeit. Als Verkehrsmittel benötigt er einen Leihwagen bzw. muß Busse und Taxis benutzen.

Start in Amman

Eine solche Wochenrundreise könnte folgendermaßen aussehen: Der **erste Tag** ist der Hauptstadt Amman gewidmet, ihren Bauwerken und Museen. Der **zweite Tag** wird als Tagesausflug von Amman zur nördlich gelegenen römischen Ruinenstadt Jerash geplant, und wenn es die Zeit zuläßt, wird noch ein Abstecher nach Ajloun angehängt. Der **dritte Tag** ist für eine Rundreise zu den omaijadischen Wüstenschlössern im Osten Jordaniens reserviert. Am **vierten Tag** verläßt man Amman Richtung Süden, besucht am Vormittag die frühchristlichen Mosaiken in Madaba und den Berg Nebo, von dem Moses einst das Gelobte Land erblickte, fährt am Nachmittag zur Kreuzfahrerfestung Kerak und erreicht am Abend Petra.

Die Wüstenschlösser sind auf S. 98 und 99 ausführlich beschrieben.

Zwischenstation Petra

Hier übernachtet man, um den **fünften Tag** ganz in der Stadt der Nabatäer zu verbringen. Am Morgen des **sechsten Tages** bricht man zum Wadi Rum auf und erreicht von dort am Abend Aqaba. Den **siebten Tag** benötigt man dann zur verdienten Erholung am Strand des Roten Meeres.

MIT AUTO, BUS ODER TAXI

Tips zur Planung

Für diese Rundreise muß man drei Übernachtungen in Amman und jeweils zwei Übernachtungen in Petra und Aqaba buchen. Wegen der begrenzten Zeit empfiehlt es sich, einen Leihwagen mit ortskundigem Fahrer zu mieten bzw. sich für die Ausflüge von Tag zu Tag eines Taxis zu bedienen. Preise und Adressen der Hotels bzw. der Leihwagenfirmen kann man den Städtebeschreibungen entnehmen.

Vorabreservierung ist empfehlenswert.

Weniger Anstrengung erfordert dieses Rundreiseprogramm, wenn man es auf zehn bzw. 14 Tage ausdehnt, zumal dann jene Zeit zum Verweilen und für Gespräche bleibt, die die sehr freundlichen Jordanier bei der Mehrzahl ihrer ausländischen Besucher vermissen. In jedem Fall ist eine intensive landeskundliche Vorbereitung geboten, denn »man sieht nur, was man kennt«.

Wenn Sie mehr als eine Woche Zeit haben – um so besser!

Länge: 1000 km
Dauer: mindestens 7, maximal 14 Tage
Karte: → Klappe vorne

Auch heute noch führen nur wenige Straßen durch die Wüste.

JORDANIEN VON A–Z

WICHTIGE INFORMATIONEN

Auskunft

Ein staatliches jordanisches Fremdenverkehrsamt gibt es nur in Deutschland, nicht in Österreich und der Schweiz. Touristische Informationen kann man auch bei der **Royal Jordanian** abrufen.

In Deutschland
Informationsbüro Jordanien
Weserstr. 4
60329 Frankfurt/M.
Tel. 0 69/92 31 88 70
Fax 0 69/92 31 88 79

Royal Jordanian
Kaiserstr. 3
60311 Frankfurt/M.
Tel. 0 69/25 08 69, Fax 23 48 02

Bayreuther Str. 3
10787 Berlin
Tel. 0 30/2 11 56 61, Fax 2 11 56 07

In Österreich
Royal Jordanian
Parkring 10
1010 Wien
Tel. 00 43/1/5 13 53 33,
Fax 5 13 54 65

In der Schweiz
Royal Jordanian
Office No. 332
Geneva Aeroport
1215 Genf
Tel. 00 41/22/7 17 82 52,
Fax 7 88 40 80

In Jordanien
Jordan Tourism Board
Lokale Fremdenverkehrsämter
→ Sehenswerte Orte und Ausflugsziele
Zentrale in Amman:
Ammoun Complex zwischen 4th und 5th Circle
Tel. 06/5 64 79 51, Fax 5 67 82 95
Homepage: www.arabia.com/Jordan

Friends of Archaeology

Auskunft zum Stand archäologischer Ausgrabungen in Jordanien und der Möglichkeit der Mitarbeit (meist freitags)
P. O. Box 24 40
Amman
Tel. 06/5 93 06 82, Fax 5 63 06 82

Bevölkerung

Jordanien hatte 1994 3,7 Mio. Einwohner; 1999 waren es 4,3 Mio. Mit einem Bevölkerungswachstum von 4,7 % zählt das Haschemitische Königreich zu den Ländern mit den höchsten Zuwachsraten.

Jordanien ist ein sehr junges Land: Mehr als die Hälfte seiner Bewohner ist jünger als 16, nur 5 % sind älter als 65 Jahre; die durchschnittliche Lebenserwartung liegt z. Zt. bei 69 Jahren.

In der Statistik wird eine Bevölkerungsdichte von 38 Bewohnern pro Quadratkilometer angegeben (zum Vergleich: Die Bundesrepublik ist zehnmal dichter besiedelt). 80% der Bevölkerung leben im Nordwesten des Landes auf 10% der Fläche, ein Drittel der gesamten Bevölkerung allein in der Hauptstadt Amman.

Jordanien hat nur wenige große Städte. Neben Amman sind als Großstädte nur Zarqa (ca. 400 000) und Irbid (ca. 280 000) und als mittelgroße Städte mit rund 70 000 Einwohnern Aqaba und Madaba zu nennen. Andererseits sind die 70 000 qkm großen Wüstenflächen im Osten und Süden nahezu menschenleer. In dieser Region leben noch etwa 20 000 beduinische Nomaden, die mit ihren Kamelen und Ziegen ganzjährig großräumige Wanderungen unternehmen.

Jordanien ist das einzige Land, das den palästinensischen Flüchtlingen die Staatsangehörigkeit anbot.

Auskunft – Diplomatische Vertretungen

Camping

Campingplätze, wie man sie aus Europa kennt, gibt es im ganzen Land nicht. Möglichkeiten aber bestehen in Petra (Wadi Musa), in Aqaba (am Südstrand, Richtung saudische Grenze) und im Wadi Rum (neben der Polizeistation). Aktuelle Informationen erteilt das Büro des Jordan Tourism Board (→ S. 110).

Diplomatische Vertretungen

In der Bundesrepublik Deutschland
Botschaft des Haschemitischen Königreichs Jordanien
Beethovenallee 21
53173 Bonn
Tel. 02 28/35 70 46, 35 40 51-2
Fax 35 39 51

Honorarkonsulat
Pfalzburger Str. 74
10719 Berlin
Tel. 0 30/8 85 23 11
Fax 0 30/8 83 46 76

Honorarkonsulat
Poststr. 7
40213 Düsseldorf
Tel. 02 11/1 38 06 02, Fax 3 23 68 30

Honorarkonsulat
Andraestr. 1
30159 Hannover
Tel. 05 11/32 38 34, Fax 32 15 38

Honorarkonsulat
Barerstr. 37
80799 München
Tel. 0 89/2 31 71 00, Fax 23 17 10 55

Honorarkonsulat
An der Ringkirche 6
65197 Wiesbaden
Tel. 06 11/45 07 79 00,
Fax 45 07 77 50

In Österreich
Botschaft des Haschemitischen Königreichs Jordanien
Doblhofgasse 3/2
1010 Wien
Tel. 01/4 05 10 25, Fax 40 10 31

Karawanenführer mit »Schatten«-Kamel im Morgenlicht.

JORDANIEN VON A–Z

WICHTIGE INFORMATIONEN

In der Schweiz
Botschaft des Haschemitischen Königreichs Jordanien
Belpstr. 11
1103007 Bern
Tel. 0 31/3 81 41 46, Fax 3 82 21 19

In Jordanien
Botschaft der Bundesrepublik Deutschland ■ a 5, Klappe hinten
Benghazi St. 31, Jabal al-Amman
11118 Amman
P. O. Box 183
Tel. 0 09 62/6/5 93 03 51,
Fax 5 93 28 87

Honorarkonsulat in Aqaba
■ a 1, S. 63
Konsul Abdul Kabarity
Coral Beach Hotel, Corniche St.
Tel. 03/2 01 35 21, Fax 2 01 36 14

Botschaft der Republik Österreich ■ b 5, Klappe hinten
Mithqal Al-Fayez St. 36
Jabal al-Amman
P. O. Box 83 07 95
11183 Amman
Tel. 06/4 64 46 35, Fax 4 61 27 25

Botschaft der Schweiz
■ a 5, Klappe hinten
Embassies St. 19, 4th Circle,
Jabal al-Amman
P.O. Box 5341
11183 Amman
Tel. 06/5 93 14 16, Fax 5 93 06 85

Feiertage

Freitag ist wöchentlicher Feiertag, das Wochenende beginnt am Donnerstag. Die vier wichtigsten islamischen Feiertage (→ S. 39) sind in Jordanien ebenfalls Feiertage:
Id al-Fitr 2000: 8. 1.–10. 1. und 29.12.–31. 12.; 2001: 18. 12.–21. 12.; 2002: 7. 12.–10. 12.
Id al-Adha 2000: 16. 3.–18. 3.; 2001: 5. 3.–7. 3.; 2002: 23. 2.–26. 2.
Id al-Hidschria (das moslemische Neujahrsfest) 2000: 7. 4.; 2001: 27. 3.; 2002: 16. 3.
Id al-Moulid al-Nabi (Geburtstag des Propheten Mohammed) 2000: 15. 6.; 2001: 4. 6.; 2002: 25. 5.

Nationale Feiertage:
1. Jan.	Neujahr
7. Februar	Thronbesteigung Abdullahs
22. März	Tag der Arabischen Liga
März/April	Ostersonntag (Datum ändert sich jedes Jahr)
1. Mai	Tag der Arbeit
25. Mai	Unabhängigkeitstag
10. Juni	Tag des Armeeaufstandes gegen die Türken
14. Nov.	Geburtstag König Husseins
25. Dez.	Weihnachten

Fernsehen

Das staatliche Fernsehen sendet auf zwei Kanälen (Kanal 1 in arabischer, Kanal 2 in englischer Sprache). Fast alle größeren Hotels verfügen über Satellitenantennen.

FKK

Nacktbaden ist weder am Toten noch am Roten Meer erlaubt, auch »oben ohne« ist verboten.

Fotografieren

Filmmaterial ist in Jordanien um 25 % teurer als in Europa, beim Filmkauf sind die intensiven Lichtverhältnisse im Land zu berücksichtigen und UV- bzw. Polarisation-B-Filter (zur Verstärkung des blauen Himmels) mitzunehmen. Sie sollten Personen vor dem Fotografieren um Erlaubnis fragen. Militärische Anlagen sowie Paläste und Häuser der Königsfamilie dürfen nicht fotografiert werden.

Geld

In Jordanien bezahlt man mit Dinar (JD); ein JD ist unterteilt in 1000 Fils (früher in 100 Piaster). Es gibt Banknoten zu 500 Fils, 1, 5, 10, 20, 50 und 100 JD. 1 JD entspricht z. Zt. ca. 2,63 DM. Die Preise werden meist in Fils angegeben (4750 Fils sind 4 JD und 750 Fils). Ausländische Währungen und JD dürfen in unbegrenzter Höhe eingeführt werden, allerdings ist der **Wechselkurs** in Jordanien günstiger (am besten in Wechselstuben, zum Beispiel am Flughafen Amman bei der Arab Bank). Der US-Dollar ist die wichtigste, die DM die beliebteste Währung, **Traveller Schecks** werden beim Umtausch Bargeld vorgezogen, gängige **Kreditkarten** (bevorzugt Visa und Amex) akzeptiert.

Kleidung

Von April bis Oktober kommen Sie in Jordanien mit Sommerkleidung aus; für die kühlen Abende warme Pullover einpacken. Von November bis März empfiehlt sich Wärmeres (Mantel, Jacke) und Schutz gegen Regen; nur in Aqaba genügen Sommersachen. In jedem Fall: festes Schuhwerk für Besichtigungen und Wanderungen (z. B. in Petra), Badeschuhe für die steinigen Strände am Toten Meer und etwas »Züchtiges« für Moscheebesuche. Generelle Bekleidungsregeln: Kurze Hosen (Ausnahme Sport) sind nicht üblich, und Frauen sollten schulterfreie Oberteile in der Öffentlichkeit vermeiden.

Verhaltensregeln für den Besuch in einer Moschee: Man hat als Nicht-Moslem keinen grundsätzlichen Anspruch auf Einlaß in eine Moschee. Selten aber wird er verwehrt (dann aber vor dem Betreten immer Schuhe auszuziehen!). Frauen sollten in Moscheen eine **Djalabija**, jenes orientalische Gewand, das den ganzen Körper bedeckt und nur das Gesicht freiläßt, tragen.

Wechselkurse

(HKJ)	D	CH	A
JD	Mark	Franken	Schilling
0,1	0,26	0,22	1,84
0,5	1,32	1,10	9,21
1,0	2,63	2,19	18,43
2,0	5,26	4,38	36,83
5,0	13,20	11,00	93,00
10,0	26,30	21,90	184,20
20,0	52,60	43,90	368,30
30,0	79,00	65,80	552,50
50,0	131,50	109,60	920,80
100,0	263,10	219,20	1841,60
250,0	657,70	548,10	4603,90
500,0	1315,40	1096,20	9207,80
750,0	1973,10	1644,30	13811,70

Nebenkosten
(umgerechnet in DM)

- 1 Tasse Kaffee 0,50–2,00
- 1 Bier 2,00
- 1 Cola 0,50–1,50
- 1 Brot (ca. 500g) 0,80
- 1 Schachtel Zigaretten (einheimische) 2,80
- 1 Liter Benzin 0,75
- Fahrt mit öffentl. Verkehrsmitteln (Einzelfahrt in Amman) ...0,25
- Mietwagen/Tag ....ab 60,00

JORDANIEN VON A–Z

WICHTIGE INFORMATIONEN

Medizinische Versorgung

Alle Ärzte sprechen Englisch. Notdienste vermitteln die Hotels bzw. kann man in Amman der Tageszeitung *Jordan Times* entnehmen. Gut ausgestattete staatliche Krankenhäuser in Amman:

King Hussein Medical Centre
Mecca St.
Tel. 06/5 85 68 56

Amman Surgical Hospital
■ c 5, Klappe hinten
Prince Muhammad St., nahe Intercontinental Hotel
Tel. 06/4 64 12 61

In die Reiseapotheke gehören ein Mittel gegen Durchfall, Augentropfen, Insektenschutz und eine elastische Binde; vor Reiseantritt sind Impfungen gegen Gelbsucht (Gammaglobulin) und Wundstarrkrampf (Tetanus) anzuraten.

Notruf

Erste Hilfe und Ambulanz:
Tel. 1 93
Polizei: 1 92
Verkehrspolizei (Amman):
Tel. 06/4 65 63 90

Politik

Das 1950 proklamierte Haschemitische Königreich Jordanien (Al Mamlakah al Urdunniyah al Hashimiye) ist eine konstitutionelle Erbmonarchie. Über 40 Jahre regierte der Enkel des Staatsgründers Abdullah, König Hussein, der den Thron am 2. Mai 1953 als damals 18jähriger bestieg und seine Abstammung vom Propheten Mohammed unterstreicht. Gemäß der Verfassung stehen dem König umfassende Exekutivrechte zu: Er ernennt und entläßt den Premier und die Minister, er hat das Recht, das Parlament aufzulösen, er kommandiert die Streitkräfte.

Nicht nur Touristen kaufen von den Straßenhändlern.

Das Parlament besteht aus zwei Kammern, dem Abgeordnetenhaus mit 80 gewählten Abgeordneten (Parteien waren allerdings von 1957 bis 1992 verboten!) und dem Senat mit 40 vom König ernannten Mitgliedern. Erst 1992 hob der König das seit 1967 (!) geltende Kriegsrecht auf.

Nachdem König Hussein sich im Golfkrieg gegen den Irak nicht den Alliierten angeschlossen hatte, weil er wirtschaftlich direkt vom Irak abhing, wandten sich insbesondere die Golfstaaten von Jordanien ab. Die Folgen waren für Jordanien verheerend: Weltweit war es politisch isoliert, seine reichen ehemaligen Geldgeber vom Golf bürgten nicht mehr für die über 8 Mrd. US-$ Auslandsschulden des Landes, und es mußte noch 350 000 aus Kuwait und Saudi-Arabien ausgewiesene Palästinenser aufnehmen. Erst nach einer deutlichen Distanzierung zum irakischen Präsidenten Saddam Hussein entspannte sich seit 1993 das Verhältnis zur EU und den USA wieder. Dazu trug auch wesentlich der Friedensabschluß mit Israel im Jahre 1994 bei.

Die feste Bindung Jordaniens an die USA und den Westen werden von großen Teilen der Bevölkerung immer im Verhältnis zu Israel und dessen Umgang mit den Palästinensern bewertet. Auch die Golfstaaten beurteilen die Politik Jordaniens vor diesem Hintergrund. Allerdings besteht auf allen Seiten ein Interesse an der Stabilität in der Region. Deshalb erfreut sich nach dem Tode Husseins am 2. Februar 1999 der neue König Abdullah ebenfalls breiter Unterstützung.

Post

Öffnungszeiten der Postämter sind Sa–Do 7.30–8, Fr. 8–14 Uhr. Öffentliche Briefkästen werden unregelmäßig geleert, deshalb: Briefkästen der Hotels oder Briefkästen in Postämtern benutzen. Eine Postkarte nach Europa kostet 200 Fils, Briefe innerhalb Jordaniens 150 Fils, innerhalb arabischer Länder 200 Fils, nach Europa 300 Fils.

Hauptpostamt in Amman
◼ d 5, Klappe hinten Prince Muhammad St.
Sa–Do 8–20 Uhr (Telefondienste bis 22 Uhr)
Tel. 06/66 71 33; zuständig für alle postlagernden Sendungen!

Reisedokumente

Für die Einreise benötigen Österreicher, Schweizer und Deutsche einen noch sechs Monate gültigen Reisepaß und ein Visum, das bei den jordanischen Botschaften und Konsulaten (in der Bundesrepublik 30 DM mit einmaliger, 40 DM mit mehrmaliger Einreise), aber auch problemlos an der Grenze bzw. am Flughafen Amman (für Deutsche 15 JD, Schweizer 13 JD, Österreicher 26 JD) ausgestellt wird. Bei einer Anschlußreise nach Syrien verweigern die syrischen Grenzbeamten die Einreise (trotz syrischen Visums!), wenn sich im Paß Hinweise auf einen Aufenthalt in Israel (zum Beispiel Einreisestempel von Taba) befinden. Flughafengebühr bei der Ausreise aus Jordanien: 15 JD.

Reisewetter

Beste Reisezeit ist das Frühjahr (März bis Mai), dann grünt und blüht sogar die Wüste. Oktober ist ebenfalls sehr zu empfehlen. Von

JORDANIEN VON A–Z

November bis März ist öfter mit Regenfällen zu rechnen. Zwischen Dezember und Februar wird es empfindlich kühl, ja in Amman kann sogar Schnee fallen. Faustregel: Die Sommer sind heiß, sonnig und trocken (bis zu 40 °C), abends meist kühler, die Winter dagegen sind auch tagsüber kalt und feucht (bis unter 0 °C); nur in Aqaba ist es dann noch frühlingshaft warm.

Rundfunk

Nachrichtensendungen des jordanischen Rundfunks in englischer Sprache auf FM 96,3 MHz täglich um 7, 14 und 19 Uhr. Die Deutsche Welle empfängt man in Jordanien von 7–9 Uhr auf 6075 kHz und von 13–17 auf 21560 kHz.

Sprache

Amtssprache ist Arabisch. Mit Englisch kommt man im Land sehr gut zurecht, Deutsch wird nur in den großen Hotels verstanden.

Stromspannung

220 Volt, 50 Hz.

Telefon

Auch Jordanien hat Kartentelefone installiert. Zwei private Gesellschaften (JPP und ALO) bieten Telefonkarten an. Für internationale Gespräche: JPP-Karte ab 22 JD, ALO-Karte ab 15 JD; 1 Min. nach Europa ca. 700 Fils.

Für Telefongespräche innerhalb Jordaniens ist man auf die Auskunft (Tel. 121) angewiesen, wenn man die Nummer des Teilnehmers nicht hat und das arabische Telefonbuch nicht lesen kann; Preis eines Ortsgesprächs: 100 Fils.

Vorwahlen innerhalb Jordaniens:
Ajlun 04, Amman 06, Aqaba 03, Azraq 09, Irbid 02, Jerash 04, Kerak 03, Ma'an 03, Madaba 08, Mafraq 04, Q. A. I. Airport 08, Petra 03, Salt 05, Totes Meer 05, Tafileh 07, Um Qais 02, Zarqa 09

Die genauen Klimadaten von **Amman**

		Januar	Februar	März	April	Mai	Juni	Juli	August	September	Oktober	November	Dezember
Durchschnittl.	Tag Temp. in °C	12,6	13,7	17,7	22,5	28,2	30,7	31,9	32,5	30,9	27,6	20,9	14,9
	Nacht	4,4	4,9	6,6	9,6	14,6	16,7	18,8	18,9	17,6	14,2	10,0	6,1
	Sonnenstunden pro Tag	6,3	7,5	9,6	10,2	11,4	13,7	13,8	12,9	12,0	9,9	8,0	6,2
	Regentage	11	10	7	4	1	0	0	0	0	2	5	7

Ländervorwahlen

Jordanien → D 00 49
Jordanien → A 00 43
Jordanien → CH 00 41
D, A, CH → Jordanien 0 09 62

Tiere

Bei der Einreise mit Hund oder Katze müssen ein amtstierärztliches Gesundheitszeugnis und eine Tollwutimpfung vorgewiesen werden.

Trinkgeld

Mit einem guten Trinkgeld, das Sie vorher geben, können Sie viel erreichen. Wenn Sie entsprechende Annehmlichkeiten während Ihres ganzen Aufenthaltes erwarten, stellen Sie noch einmal einen gleich hohen Betrag für das Ende des Aufenthaltes in Aussicht.

Der Durchschnittsverdienst in Jordanien beträgt etwa 300 DM; deshalb sind viele im Dienstleistungssektor Beschäftigte aufs Trinkgeld sogar angewiesen. Als Faustregel gilt: in Restaurants (obwohl inkl. 10% »service tax«) 5% der Rechnungssumme; Gepäckträger pro Koffer 500 Fils, Zimmerservice (in Jordanien sind es meist Männer) 1–2 JD pro Übernachtung; bei Taxis Preis auf den nächsten JD aufrunden.

Wirtschaft

Jordanien gehört zu den wenigen arabischen Staaten der Halbinsel, die nicht über eigenes Öl und deshalb über keine »Petrodollars« verfügen. Die einzige Erdölraffinerie des Landes in Zarqa bei Amman verarbeitet importiertes Erdöl (zum Beispiel aus dem Irak) zu Benzin und Dieselöl für den nationalen Bedarf.

Jordanien ist ein Agrarland, obwohl nur etwa 10% seiner Fläche landwirtschaftlich als Anbau- und Weideland genutzt werden können: Die Hälfte der Exporteinnahmen und mehr als die Hälfte seines Nationaleinkommens erwirtschaftet der Agrarsektor. Das ist um so beachtenswerter, weil der Staat mit der israelischen Besetzung der West Bank seit 1967 ein Drittel seines besten Ackerlandes verloren hat.

Im letzten Jahrzehnt nahm die Industrialisierung beständig zu, sowohl die Großindustrie mit dem Abbau von Rohstoffen (zum Beispiel Phosphat in Ruseifa und in El-Hesa oder Pottasche am Toten Meer) als auch die Verarbeitungsindustrie mittelständischer Unternehmen und kleiner Handwerksbetriebe (zum Beispiel im Bausektor, in der Textilbranche, in der pharmazeutischen, der chemischen und der nahrungsverarbeitenden Produktion). Der Tourismus spielt als Wirtschaftszweig ebenfalls eine bedeutende Rolle. Doch die hohe Auslandsverschuldung und die damit einhergehenden Auflagen des IWF treffen besonders die arme Bevölkerung.

Zeitungen

Außer arabische Tageszeitungen erscheint in englischer Sprache die *Jordan Times* und donnerstags die Wochenzeitung *Star*.

Zoll

Zollfrei eingeführt werden dürfen Gegenstände des persönlichen Gebrauchs, Geschenke im Wert bis zu 50 JD und 200 Zigaretten, 2 Flaschen Wein bzw. 1 Flasche Spirituosen, 200 g Tabak. Aus Jordanien ausgeführt werden darf alles außer Antiquitäten. Antiquitäten sind alle Dinge, die älter als 100 Jahre sind. Beim Erwerb von Teppichen, Schmuck etc. unbedingt an die EU-Einfuhrbestimmungen denken!

GESCHICHTE AUF EINEN BLICK

WICHTIGE INFORMATIONEN

1300 v. Chr.
Moses führt die Stämme Israels aus Ägypten durch die Wüste Sinai und blickt vom Gipfel des Berges Nebo zum ersten Mal aufs »Gelobte Land«.

1200 v. Chr.
Entstehung der biblischen Reiche Edom, Moab und Ammin im heutigen Gebiet zwischen Amman und Aqaba.

1000–100 v. Chr.
Die den Nahen Osten bestimmenden Entwicklungen berühren nur am Rande das Gebiet des heutigen Jordanien: Davids Sieg über die Philister und die Eroberung Jerusalems im Jahre 1000, die Ausweitung des Assyrer- (745) – später des Babylonierreiches (587) –, die Eroberungsfeldzüge Alexanders des Großen (ab 331); erst unter den Diadochen wächst der hellenistische Einfluß jenseits des Jordans.

63 v. Chr.–324 n. Chr.
Unter Pompeius werden die Römer die Herren im Nahen Osten; in ihrer Provinz »Syria« gründen sie den Städtebund Dekapolis, dem u. a. Gadara (heute: Umm Qais) und Pella (heute Tabaqat Fahl), aber auch die Neugründungen wie Gerasa (heute Jerash) und Philadelphia (heute Amman) angehören. Blühende Handelsbeziehungen lassen auch die Nabatäer reich werden; Petra erreicht zwischen 9 und 40 unter König Aretas IV. seinen Höhepunkt, bevor die Nabatäer 106 von den Römern unter Trajan besiegt werden.

324–632
Der Nahe Osten fällt unter die Herrschaft des oströmischen Byzanz. Die ersten Kirchen werden gebaut (auf jordanischem Gebiet z. B. Madaba).

636–1098
Nach dem Tode Mohammeds (632) verbreitet sich der Islam schnell bis zum Mittelmeerraum. Islamische Dynastien – die Omaijaden bis 750, die Abbasiden bis 969 und zuletzt die Fatimiden – beherrschen die Region; rege Bautätigkeit, z. B. die Wüstenschlösser.

1099–1291
Die europäischen Kreuzritter erobern in mehreren »Kreuzzügen« Palästina (Bau der Burgen von Kerak und Shobak). Bedeutendster arabischer Gegner der Kreuzfahrer ist Sultan Saladin. Als letzte Festung der Kreuzritter fällt 1291 die Hafenstadt Akko (heute Israel).

1516–1918
Der jordanische Raum ist unbedeutendes Randgebiet im türkischen (osmanischen) Großreich.

1916
MacMahon, der britische Hochkommissar in Ägypten, verspricht dem haschemitischen Sharifen des Hejaz, Hussein Ibn Ali, ein arabisches Großreich, wenn er sich am Kampf gegen die Osmanen beteiligt.

1917
Einnahme von Aqaba durch arabische Truppen unter Führung des Briten T. E. Lawrence (»Lawrence von Arabien«). Ungeachtet ihres Bündnisses mit den Arabern erklärt England in der »Balfour-Deklaration« Palästina zur nationalen Heimstätte der Juden.

1920
Gemäß dem geheimen Syke-Picot-Abkommen von 1916 werden die gegebenen Versprechen gebrochen und auf der Konferenz von San Remo die Gebiete des heutigen Irak und Palästina unter britisches Man-

GESCHICHTE AUF EINEN BLICK

dat, das heutige Syrien und der Libanon unter französische Oberhoheit gestellt.

1921
Abdullah, der Sohn Hussein Ibn Alis, wird unter britischer Oberhoheit Emir von Transjordanien, sein Bruder Feisal wird König des Irak.

1922
Der Völkerbund trennt Transjordanien als selbständiges Emirat von Palästina ab.

1928
Verabschiedung der ersten (trans-)jordanischen Verfassung.

1946
Transjordanien wird unabhängiges Königreich, Emir Abdullah erster König.

1948–1950
Arabische Truppen erobern nach dem Abzug der Briten im ersten Nahostkrieg die westlich des Jordan liegenden Gebiete des ehemaligen Palästina (Westbank) und Ost-Jerusalem – auch Israel erweitert das von den Vereinten Nationen vorgesehene Gebiet und erklärt West-Jerusalem zu seiner Hauptstadt. 600 000 Palästinenser fliehen nach Jordanien. Offizielle Vereinigung der eroberten Gebiete mit Transjordanien zum »Haschemitischen Königreich Jordanien«.

1951
Abdullah wird in der Al-Aqsa-Moschee in Jerusalem ermordet. Thronfolger werden zunächst sein Sohn Talal Ibn Abdullah und nach dessen Erkrankung ab 2. Mai 1953 dessen Sohn Hussein Ibn Talal, der bis 1999 regierende König Hussein.

1967
Im dritten Nahostkrieg erobert Israel in sechs Tagen Ost-Jerusalem und die Westbank; viele Palästinenser flüchten aus diesen Gebieten nach Jordanien.

1970
Die jordanische Armee zerschlägt im »Schwarzen September« in den selbstverwalteten Flüchtlingslagern Einheiten der PLO.

1974–1988
Hussein verzichtet auf die (von Israel besetzte) jordanische Westbank zugunsten eines eigenen Staates der Palästinenser.

1990
Im Golfkrieg zur Wiederherstellung des Staates Kuwait unterstützt Jordanien anfangs den Irak; außenpolitische Isolation ist die Folge.

1993
Israel und der PLO gelingt mit Hilfe der USA im September ein Friedensabkommen, dessen Ziel ein eigener Palästinenserstaat auf dem Gebiet der Westbank ist; Israel verzögert bis heute seine Realisation.

1994
Israel und Jordanien schließen Frieden.

1999
Am 2. Februar stirbt König Hussein. Nur eine Woche vor seinem Tod bestimmt der schwerkranke König auf Drängen der USA und Königin Noor einen Wechsel in der Thronfolge: Neuer König wird sein ältester Sohn Abdullah, nicht sein Bruder Hassan, der über 30 Jahre lang Kronprinz war. Neuer Kronprinz wird Hamzeh, der Sohn aus vierter Ehe mit Königin Noor. Der neue König Abdullah ist mit einer Palästinenserin verheiratet.

SPRACHFÜHRER

WICHTIGE INFORMATIONEN

Wichtige Wörter und Ausdrücke

Ja	*Na'm*
Nein	*La*
Bitte	*Lau samaht/ min fadlik/ afwan*
Danke	*Schukran*
Und	*wa*
Wie bitte?	*Matha lau samaht?*
Ich verstehe nicht	*Ana la afham*
Entschuldigung	*Ma' thiratan/aasif*
Guten Morgen	*Sabahu alkhair*
Guten Tag	*Yaumun s'aid*
Guten Abend	*Masa'ul khair (umsiya sa'ida)*
Hallo	*Marhaban*
Ich heiße ...	*Ana ismi ...*
Ich komme aus ...	*Ana min ...*
Wie geht's?	*Kaifa haluk?*
Danke, gut	*Ana bikhair, schukaran*
Wer, was, welcher	*Man, matha, ai*
Wieviel	*Kamm*
Wo ist ...	*Aina al ...*
Wann	*Mata*
Wie lange ...	*Kamm yatul/ kamm tatul*
Sprechen Sie Deutsch?	*Hall tatakallamu al almaniyyah?*
Auf Wiedersehen	*Ila alliqaa'*
Heute	*Alyaum*
Morgen	*Alghadd/ghaddan*

Zahlen

Eins	*Wahid*
Zwei	*Ethnain*
Drei	*Thalatha*
Vier	*'arba'a*
Fünf	*Khamsa*
Sechs	*Sitta*
Sieben	*Sab'a*
Acht	*Thamaniya*
Neun	*Tis'a*
Zehn	*'ashara*
Einhundert	*Mi'a*
Zweihundert	*Mi'atain*
Dreihundert	*Thalathumi'a*
Vierhundert	*'arba'umi'a*
Fünfhundert	*Khamsumi'a*
Sechshundert	*Sittumi'a*
Siebenhundert	*Sab'umi'a*
Achthundert	*Thamanumi'a*
Neunhundert	*Tis'umi'a*
Tausend	*Alf*

Wochentage

Montag	*Al-athnain*
Dienstag	*Al-thulatha'a*
Mittwoch	*Al-arbi'a'a*
Donnerstag	*Al-khamis*
Freitag	*Al-jumu'a*
Samstag	*As-sabt*
Sonntag	*Al-ahad*

Unterwegs

Wie weit ist es nach ...	*Kamm tab'ud al masafa ila ...*
Wie kommt man nach ...	*Kaifa yumkin alwusoul ila ...*
Wo ist ...	*Aina ...*
– die nächste Werkstatt	– *aqrabu warschatu taslieh*
– der Bahnhof/ Busbahnhof	– *muhattatul qutarat/muhattatul hafilat*
– die nächste U-Bahn/ Bus-Station	– *aqrabu muhatat metro al-anfaq/ al-hafila*
– der Flughafen	– *al matar*
– die Touristen- information	– *maktabu as siyaha*
– die nächste Bank	– *aqrabu masraf/ bank*
– die nächste Tankstelle	– *aqrabu muhattatu banzin*
Wo finde ich einen Arzt/ eine Apotheke?	*Ain ajidu 'iyadatu tabib/ saydaliyyah?*
Bitte volltanken!	*Min fadhlika 'imla' al khazzan*
Normalbenzin	*Banzin 'aadi*
Super	*Banzin mumtaz*
Diesel	*Diesel*

SPRACHFÜHRER

rechts	*Yamien*	**Restaurant**	
links	*Yasar*		
geradeaus	*'ala tuul/ 'ila al amam*	Die Speisekarte bitte	*Qa'imatul m'akulat min fadlik*
Ich möchte ein Auto/ ein Fahrrad mieten	*Awaddu an asta'jir sayyara/ darraja*	Die Rechnung bitte	*Al hisaab min fadlik*
		Ich hätte gern einen Kaffee	*Qahwa min fadlik*
Wir hatten einen Unfall	*Hasala lana hadith*	Wo finde ich die Toiletten (Damen/ Herren)?	*Aina ajidu dawratul miyah (lilnisa'a/ lilrijal)?*
Eine Fahrkarte nach ... bitte	*Thathkira 'ila ... min fadlik*		
Ich möchte ... DM in ... (Währung) wechseln	*Awaddu an uhauwil ... mark almani ila ... (Währung)*	Kellner	*Jarson*
		Frühstück	*Iftar*
		Mittagessen	*Ghadaa'a*
		Abendessen	*'aschaa'a*

Hotel

Einkaufen

Ich suche ein Hotel	*Ana abhathu 'an funduq*	Wo gibt es ...?	*Ain ajidu ...?*
		Haben Sie ...?	*Hal ladaik ...?*
Ich suche ein Zimmer für ... Personen	*Ana abhathu 'an ghurfa li ... aschchas*	Wieviel kostet das?	*Kamm thamanu hatha?*
		Das ist zu teuer.	*Hatha ghali jiddan*
Haben Sie noch ein Zimmer frei?	*Hal ladaikum ghurfa farigha?*	Geben Sie mir bitte 100 g/ ein Pfund/ ein Kilo	*A'atini min fadlik mi'ata ghram/ uqiyya/ kilo*
– für eine Nacht	*– li layla wahida*		
– für zwei Tage	*– li yaumain*		
– für eine Woche	*– li 'usbuu'*	Danke, das ist alles	*Schukaran, hatha kullu ma 'uried*
Ich habe ein ein Zimmer reserviert	*Ana hajaztu ghurfa ladaikum*		
		geöffnet/ geschlossen	*Maftuh/ mughlaq*
Wieviel kostet das Zimmer?	*Kamm taklifat ul ghurfa?*	Bäckerei	*Machbaz*
– mit Frühstück	*– ma'a iftar*	Kaufhaus	*Markaz tasauwuk*
– mit Halbpension	*– ma'a wajbatain ta'am (iftar wa aschaa'a)*	Markt	*Souq*
		Metzgerei	*Majzarah/ malhama*
Kann ich das Zimmer sehen?	*Hal yumkin an ara al ghurfa?*	Haushaltswaren	*Adawat manziliyya*
Ich nehme das Zimmer	*Sa'aachuth al ghurfa*	Lebensmittelgeschäft	*Mahal lil mawad al-ghithai'yya*
Kann ich mit Kreditkarte zahlen?	*Hal yumkin an adfa'a bil bitaqa an bankiyaa?*	Briefmarken für einen Brief/ eine Postkarte nach	*Tawabi''u baried li risalah/ li kart ila*
Haben Sie noch Platz für ein Zelt/einen Wohnwagen?	*Hal ladaikum makan li chaima/ li 'arabat sakan*		
		Deutschland/ Österreich/ in die Schweiz	*almanya/ an-namsaa/ swiesra*

ESSDOLMETSCHER

A

aiesh balladi: Fladenbrot
asiru burtuqal: Orangensaft
asiru dschasar: Karottensaft
asiru mandschah: Mangosaft
asiru qasabi s-sukkar: Zuckerrohrsaft
atayef: mit Käse gefüllter Teig
azal: Honig

B

babaghanoug: kaltes Auberginenpüree mit Sesamsauce
bajdatun nisfu masluqah: weichgekochtes Ei
bajdatun masluqah: hartgekochtes Ei
bajdun maqli: Spiegeleier
balah: frische Datteln
bamia: Okraschotengemüse, mit Tomatensauce serviert
basal: Zwiebel
battijch: Melonen
beit ma tomat: Eier mit Tomaten
bilahmi l-charuf: Lammfleisch
bint as-Sahn: Kuchen
biratun: Bier
bisbas: Pepperoni
bitingan: geröstete Auberginenscheiben, meist mit tehina und Fladenbrot serviert
bun: Bohnenkaffee
burtuqal: Orangen

C/D

cay ahmar: Schwarzer Tee
cay halib: Milchtee
chawch: Pfirsische
chobs: Brot
chobs tannur: Fladenbrot
cossa: gurkenähnliches Gemüse, mit Hackfleisch gefüllt
dadschadschun fi l-furn: gebackenes Hähnchen
digag: Hühnchen
dolma: cossa und Auberginen, mit Reis und gehacktem Fleisch gefüllt
dschubn: Käse
dschubnun min labani: Schafskäse

E/F/G

enab: Weintrauben
ere souz: Lakritzegetränk
fassulja: weiße Bohnen in Tomatensauce
filafil: in Öl gebackene Gemüsefrikadelle aus Bohnen, Zwiebeln, Erbsen, Petersilie, Kräutern
foul: gekochter Pferdebohnenbrei
gibna abiad: weißer Schafkäse
gibna roumi: würziger Hartkäse

H/I

habhab: Melone
halawijjatun schamijjah: verschiedene orientalische Süßigkeiten
halib: Milch
halibu barid: kalte Milch
halibun sachin: heiße Milch
halawa: feines Gebäck mit Honig und Mandeln
hamam fi tagen: im Ofen gebratenes Täubchen
hamam mashi: mit Reis und Innereien gefülltes Täubchen
hisab: Rechnung
hummus: Kichererbsenpüree
inab: Trauben
idschdschas: Birnen

K

kabab: am Spieß gegrilltes Hammel- oder Kalbfleisch
kak: Keks-Feingebäck
kawa: gekochter Kaffee
kibda: Leber
kiftah: Hackbraten
konafa: in Öl gebackener Nudelteig mit Mandeln, Nüssen und Sirup
kofta: am Spieß gegrillte Hackfleischröllchen vom Lamm oder Rind
kubba: Graupen mit Fleisch
kuddam: dunkle Brötchen
kushari: Nudelgericht mit Reis, Linsen und Zwiebeln

L

labanu sabädi: Joghurt
lahm: Fleisch
lahmun muhammar: Fleischbraten
lahmun maschwi: gegrilltes Fleisch
lahm sareer: Fleischstücken
lemun: Zitrone
limonada: Limonade

M/N

ma/muja: Wasser (allgemein)
ma brt: kaltes Wasser
mahallabiya: Milchreispudding mit Rosenöl, Vanille, Zucker und Nüssen
ma hami: heißes Wasser
makaruna: Nudeln
makaruna fi l-furn: Nudelauflauf
malaka: Löffel
malochaia: Spinat mit rohem Ei
marek: Suppe
massatun munawwaah: Meze, mehrere Vorspeisen
mashi wara ainab: Weinblätter mit Reisfüllung
mataam: Restaurant
maun madanijjun: Mineralwasser
mauz: Banane
milh: Salz
mishmish: Aprikosen
molukhiya: spinatartige Gemüsesuppe mit viel Knoblauch
murraba: Marmelade
mushakal: Mischgemüse
nabidun: Wein
nabidun rose: Rosé
nabidun ahmaru: Rotwein
nabidun abjadu: Weißwein

P/Q/R

patatas: Kartoffeln
roti: Kastenweißbrot
ruz: Reis
rumman: Granatäpfel
rarif: Fladenbrot

S

sahn: Teller
sait: Öl
saitun: Oliven
salatatun chadrah: grüner Salat
salatatun tamatim: Tomatensalat
salteh: Eintopf
samakun maschwi: gegrillter Fisch
sandwich kibdah: Lebersandwich
shajun: Tee
shajun bi-l-halib: Tee mit Milch
shajun bi-l-lajmun: Tee mit Zitrone
shajun bi-n-nana: Tee mit Minze
shafut: Joghurt mit Knoblauch, Brot und Lauch
shurba: Suppe
shurbatu fasuliya: Bohnensuppe
– *chudar:* Gemüsesuppe
– *firech:* Hühnersuppe
– *samak:* Fischsuppe
sudschuq: Wurst
subdah: Butter
sukkar: Zucker

T/U

tamr: getrocknete Datteln
tehina: dicke Sesamsauce mit Öl und verschiedenen Gewürzen
thum: Knoblauch
tin: Feigen
tinun schawki: Kaktusfeigen
tomates: Tomaten
tuffah: Apfel
tunna: Thunfisch
tut: Maulbeeren
udschdschah: Omelett

W/Z

wara eynab: Weinblätter, gefüllt mit Reis und manchmal mit Fleisch
zabati: Joghurt
zabib: Rosinen
zakin: Messer
zamak at-tannur: Fisch im Tannur-Ofen gebacken
zamak: Fisch

ORTS- UND SACHREGISTER

WICHTIGE INFORMATIONEN

Hier finden Sie die in diesem Band beschriebenen Orte und Ausflugsziele. Außerdem enthält das Register wichtige Stichworte, landessprachliche Bezeichnungen sowie alle Tips dieses Reiseführers. Wird ein Begriff mehrfach aufgeführt, verweist die **fett** gedruckte Zahl auf die Hauptnennung. Die **Buchstaben-Zahlen-Kombinationen** nach den Seitenangaben verweisen auf die Planquadrate der Karten.

A
Agora (Jerash) 72
Ägypten 67, 68
Ain Musa (Mosesquelle) 82
Ajloun **79**, 108; B2
Al-Hussein-Moschee (Amman) 48
Al-Khazali 95
Al-Khazneh (Petra) 87
Amman 6, 7, 20, **44**, 98, 102, 106, 108; B3
Amphitheater (Amman) 7, **48**
Amphitheater (Petra) 90
Amphitheater (Umm Qais) 81
Ankunft 12
Anreise 12
Apostelkirche (Madaba) 103
Aqaba 8, 13, 20, 32, 34, 38, **59**, 94, 102, 109; A6
Aqaba Beach Hotel (Tip) 31; A6
Aquarium (Aqaba) 64
Archaeological Museum of Aqaba Region (Aqaba) 64
Archäologisches Museum (Amman) 50, **52**
Archäologisches Museum (Aqaba) 63, **64**
Archäologisches Museum (Petra) 92, **93**
Archäologisches Museum der Universität (Amman) 52
Artemistempel (Jerash) 72, **76**
Autofahren 13, 14
Autorundfahrten 94, 98, 102, 108
Avdat 68; A4
Ayn Abua Ayna 96

B
Beduinen 94
Beersheva 68; A3/A4
Berg Moses 67
Berg Nebo **103**, 109; B3
Bustour 102, 108
Busverbindungen 12, 14
Byzantinische Kirche (Amman) 48, **50**

C
Café im Visitor's Centre (Tip, Umm Qais) 81; B2
Camping 20
Cardo Maximus (Jerash) 72, **76**
Cardo Maximus (Petra) 7, **90**

D
Damaskus 98; C1
Desert Highway 102
Dhiban 104; B3

E
Ed Deir (Petra) 92
Einkaufen 28
Elat (Israel) 67; A6
Entfernungstabelle 17
Eßdolmetscher 122
Essen und Trinken 22

F
Feste 39
Flugverbindungen 12, 17
Fort Aqaba (Aqaba) 62
Forum (Amman) 48
Forum (Jerash) 76

G
Geschichte 118
Getränke 24
Gräber (Petra) 84
Grenzübergänge 13
Großer Opferplatz (Petra) 92

ORTS- UND SACHREGISTER

H
Hammamat Ma'in **35**, 107; B3
Hedschasbahn (Tip) 16; B3/C1
Hippodrom (Jerash) 72, **76**
Hotels 18

I
Iraq al-Emir 58
Irbid 79; B2
Israel 13, 67, 68

J
Jabal al-Qala'a (Amman) 7, 48, **50**
Jabal Rum 94; A6
Jabal Umm Ishrin 94
Jerash 7, **70**, 108; B2
Jerash Music Festival (Tip) 43; B2
Jezirat Faraun 68; A6
Jordan Archeological Museum (Amman) 52
Jordan Folklore Museum (Amman) 52
Jordan Museum of Popular Tradition (Amman) 53
Jordan National Gallery of Fine Art (Amman) 52
Jordan University Archaeological Museum (Amman) 52
Jordanische Nationalgalerie (Amman) 52
Jordanisches Folkloremuseum (Amman) 52
Jordanisches Museum für Volkskunde (Amman) 53

K
Kan Zaman 58; B3
Katharinenkloster (Ägypten) 67
Kathedrale (Jerash) 72, **77**
Kerak **104**, 109; B4
Kinder 31
King Hussein Bridge 10, 13
King-Abdullah-Moschee (Amman) 48, **49**
King's Highway 82, **102**
Kirche des Propheten Elias (Madaba) 103
Kloster (Umm al-Jimal) 81
König Hussein Ibn Talal Ibn Abdulla 8, 9
Königin Noor 9
Königsstraße 102
Königswand (Petra) 90
Korinthisches Grab (Petra) 90
Kuren 35

L
Lawrence von Arabien 94
Lebanes House (Tip, Jerash) 24; B2
Leihwagen 16
Lesetip 10

M
Madaba **102**, 109; B3
Marienkirche (Madaba) 103
Marine Science Station (Aqaba) 64
Mescha-Stele (Dhiban) 104
Muqawir 104; B3
Museum of Archaeology and Anthropology (Irbid) 79

N
Na'ur 106; B3
Nebo **103**, 109; B3
Negev (Israel) 68
Nordtetrapylon (Jerash) 72, **77**
Nordtheater (Jerash) 72, **77**
Nymphäum (Amman) 48, **49**
Nymphäum (Jerash) 72, **78**
Nymphäum (Petra) 91

O
Odeon (Amman) 50
Omaijadische Schlösser 7, 8, **98**, 108

P
Palastgrab (Petra) 90
Pella 80; B2
Petra 7, 20, **82**, 108; B5
Petra Archaeological Museum (Petra) 93
Pharaoneninsel (Ägypten) 68; A6
Polizeistation (Wadi Rum) 96
Preisklassen (Hotels) 20
Preisklassen (Restaurants) 26

Q
Qala'at ar-Rabad 79; B2
Qars al-Abd (Wadi as-Sur) 58
Qasr (Amman) **48**, 98
Qasr al-Bint Faraun (Petra) 91
Qasr Amra 8, **100**; C3
Qasr Azraq 100; C3
Qasr Hallabat 101; C2
Qasr Kharana 99; C3
Qasr Mushatta 98; B3
Qasr Tuba 99; C3
Queen-Alia-Flughafen 6, **12**, 98
Quwayra 94; A5

Orts- und Sachregister

WICHTIGE INFORMATIONEN

R
Ramadan 9, 42
Regenbogengrab (Petra) 92
Resthouses 18
Rotes Meer 35, 108
Routen 94, 98, 102, 106, 108

S
Schiffsverbindungen 13
Shivta 68; A4
Siq (Petra) 87
Spezialitäten 22
Sport 34
Sprachführer 120
St. Cosmas (Jerash) 77
St. Damianus (Jerash) 77
St. Georg (Jerash) 77
St. Georgskirche (Madaba) 102
St. Johannes (Jerash) 77
St. Theoduruskirche (Jerash) 77
Stadtanlage (Aqaba) 63
Strände 34
Südtetrapylon (Jerash) 72, **77**
Südtheater (Jerash) 72, **78**
Südtor (Jerash) 72, **78**
Suweimah 106; B3

T
Taba (Ägypten) 68; A6
Tauchen (Tip, Aqaba) 38; A6
Taxis 17
Temenos-Tor (Petra) 91
Tempel des Herkules (Amman) 48
Theaternekropole (Petra) 90

Totes Meer 31, 35, 38, 103, **106**
Touren 94, 98, 102, 106, 108
Triumphbogen des Hadrian (Jerash) 72, **78**
Türme aus der Eisenzeit (Amman) 50

U
Umm al-Jima 80; C2
Umm Qais 81; B2
Urnengrab (Petra) 90

W
Wadi al-Mujib 104; B3
Wadi as-Sir 58; B3
Wadi Jerash 70
Wadi Musa 82; B5
Wadi Rum 8, 32, 94, 96, 109; B6

Z
Zeustempel (Jerash) 72, **78**
Zitadelle (Amman) 50
Zitadellenhügel (Amman) 48, **50**

IMPRESSUM

WICHTIGE INFORMATIONEN

Liebe Leserinnen und Leser,

wir freuen uns, Ihre Meinung zu diesem Reiseführer zu erfahren. Bitte schreiben Sie uns, wenn Sie Berichtigungen und Ergänzungsvorschläge haben oder wenn Ihnen etwas besonders gut gefällt:

Gräfe und Unzer Verlag, Reiseredaktion, Postfach 86 03 66, 81630 München
e-mail: merian-live@graefe-und-unzer.de

Alle Angaben in diesem Reiseführer sind gewissenhaft geprüft. Preise, Öffnungszeiten usw. können sich aber schnell ändern. Für eventuelle Fehler übernimmt der Verlag keine Haftung.

Lektorat: Ute Arndt, Claudia Strand
Kartenredaktion:
Reinhard Piontkowski

**Bei Interesse an Karten aus MERIAN-Reiseführern schreiben Sie bitte an:
Gräfe und Unzer Verlag GmbH
Kartographie, Grillparzerstraße 12
81675 München**

Gestaltung: Ludwig Kaiser
Umschlagfoto:
M. Peuckert, Wadi Rum
Karten: MERIAN-Kartographie
Produktion: Helmut Giersberg
Satz: Filmsatz Schröter, München
Druck und Bindung: Appl, Wemding
ISBN 3-7742-0661-9

Fotos: S. Feldhoff 42, 77; P. Fischer 9, 12, 22, 25, 30, 33, 34, 41, 49, 51, 52, 54/55, 58, 61, 64, 71, 72, 76, 79, 80, 83, 85, 87, 88/89, 91, 92, 98, 103; W. Gartung/laif 6, 23, 32, 35, 40/41, 74/75, 94, 111; G. Heck 21, 26, 27, 62, 97, 107, 109; G. Jung 2/3, 7, 15, 46; A. Krause/laif 67, 69; M. Peukert/Agentur A. Hamann 11, 19, 29, 45, 57, 106, 114

Dieses Buch wurde auf chlorfrei gebleichtem Papier gedruckt.

© Gräfe und Unzer Verlag GmbH, München

Auflage	5.	4.	3.
Jahr	2004	03	02	01

Alle Rechte vorbehalten. Nachdruck, auch auszugsweise, sowie die Verbreitung durch Film, Funk und Fernsehen, durch fotomechanische Wiedergabe, Tonträger und Datenverarbeitungssysteme jeglicher Art nur mit schriftlicher Genehmigung des Verlages.